水悦读
阅名著

（高级上册）

湖

巩向良 / 主编

中国海洋大学出版社
·青岛·

编委会

主　编：巩向良

编　委：刘玉璠　郑卫璐　张佘伊凡

　　　　王　艳　郝亚筱　于慧敏

　　　　臧小萌　胡艳艳　潘志燕

编写说明

本书所选篇目，均为古今中外经典，突出文学性的同时，涉及哲学、艺术、科技诸多方面。

"四阶五维七步"是本书的核心教学法。

四阶

本着"把厚书读薄，再把薄书读厚"的原则，我们设计了"整体悦读、专题速读、定向精读、体悟展读"四个阶段，循序渐进地引导小读者进行整本书的浸润式阶梯阅读。

五维

古今中外的经典名著，历经时间的浸润与淘洗，承载着人类优秀的品质与智慧——纯净、友善、包容、进取……教学中，我们借助经典阅读，从"听、说、读、写、思"五个维度，全方位地培养广大小读者的综合素养。

七步

第一步，诵读。一年级，诵读"情景识字"文段，目的是让小读者尽快扔掉拼音的"拐杖"，开始纯文字阅读；二年级开始，诵读民国老课本中的经典文段以及中外精美的现代诗文，目的是让小读者充分感受汉语之美，畅享读书之乐。

第二步，速读。学会一目十行地读、连滚带爬地看、走马观花地翻，学会如何整体感知文本，这是在茫茫书海中尽情遨游的基础。

第三步，研读。阅读是一种自主性很强的学习活动，遇到喜欢的章节，要学会停下脚步慢慢欣赏、细细研究，唯其如此，方能真切感受到读书的乐趣。

第四步，品读。读经典，就是和高尚的人进行对话、交流。只有静心品味，才能和古今圣贤（作者）达成心灵的沟通、情感的共鸣、认知的协同，才能充分吸收人类文明的智慧和能量。

第五步，创读。阅读不仅仅是为了增长知识，更重要的是学以致用、推陈出新。活学活用是阅读的最高境界。

第六步，鉴读。通过归纳总结促进阅读，提升读书质量，提高鉴别能力；揽镜自照，查漏补缺，更能充分地认识自我。

第七步，自读。安排自主阅读，一方面切实保障了整本书的真阅读、实阅读、全阅读；另一方面，加强了阅读的互动，从而最终实现经典明智、文化塑身的完整教育。

水悦名著　畅达幸福

　　上善若水。"水悦读"以"为儿童全生活着想"为理念，结合线上、线下阅读活动，陪伴你们开展浸润式完整阅读——掬经典之水，净化身心；引经典之水，涵养心智；借经典之水，扬帆远航。

　　细雨湿衣看不见，闲花落地听无声。在"水悦读"陪伴的书香岁月里，你们将深深体味到文字的甘甜、情感的柔软、智慧的芬芳。白天读过的儿童故事、漫游的童话城堡，会让纯真的你们在夜晚的梦中笑出声；渐渐懂事的你们，会慢慢明白寓言故事中的话中话、弦外音，会真切感受到古今中外神话故事的奇幻与宏大，会把思维的触角伸向神秘的自然科学世界；渐渐长大的你们，浏览过民间故事的奇人奇事，知晓了中国古典小说的博大精深，翻阅完一本又一本真切感人的成长小说，最后迷上了文学……阅读的旅程如泉如溪，如河如湖，如江如海，妙不可言！

　　在你们心中种下读书的种子，是"水悦读"的使命；做你们整本书阅读的陪伴者、引导者，是"水悦读"的责任；让你们拥有书香生活、幸福人生，是"水悦读"的梦想。

　　引领你们读好书、好读书，不仅是要培养听、说、读、写、思的能力，更重要的是助力你们成为阳光、知性、自信的中华好人。

　　亲爱的孩子们，你们最终会明白，阅读是一种学习方式，是一种学习习惯，更是一种高品质的生活方式。

"水悦读　阅名著"编委会
2021年6月1日

目录 MULU

《尼尔斯骑鹅旅行记》阅读规划

1. 《尼尔斯骑鹅旅行记》整体悦读 …………… 002
2. 《尼尔斯骑鹅旅行记》专题速读 …………… 008

《青铜葵花》阅读规划

1. 《青铜葵花》整体悦读 …………………… 014
2. 《青铜葵花》专题速读 …………………… 020
3. 《青铜葵花》定向精读 …………………… 025

《中国民间故事》阅读规划

1. 《中国民间故事》整体悦读 ……………… 032
2. 《中国民间故事》专题速读 ……………… 037
3. 《中国民间故事》定向精读 ……………… 042

《一千零一夜》阅读规划

1. 《一千零一夜》整体悦读 …………… 048
2. 《一千零一夜》专题速读 …………… 054
3. 《一千零一夜》定向精读 …………… 060

《列那狐的故事》阅读规划

1. 《列那狐的故事》整体悦读 …………… 066
2. 《列那狐的故事》专题速读 …………… 072

《身边的科学》阅读规划

1. 《身边的科学》整体悦读 …………… 078
2. 《身边的科学》专题速读 …………… 083
3. 《身边的科学》定向精读 …………… 088

《尼尔斯骑鹅旅行记》阅读规划

NIERSIQIELVXINGJI

1 《尼尔斯骑鹅旅行记》整体悦读

● 学习重点

结合"故事情节图"感受童话的趣味。

● 以文育人

学习乐于助人的美好品质。

2 《尼尔斯骑鹅旅行记》专题速读

● 学习重点

通过人物对比,把握人物成长的轨迹。

● 以文育人

学习坚强勇敢的优秀品质。

1 《尼尔斯骑鹅旅行记》整体悦读

书声朗朗 朗读

匡衡

匡衡※好学，家贫无书。其邑有富人，藏书甚多。衡乃往为仆，而不求偿。主人问其故。衡曰："愿得藏书遍读之。"主人称其贤，假以书。匡衡遂成名儒。

※匡衡：西汉经学家，东海郡承县人，元帝时位至丞相。

——《共和国教科书新国文（初小）》（天津古籍出版社2013年版）

悦读导航 速读

1. 填写《尼尔斯骑鹅旅行记》的简介卡片。

作家：_____，肖像印在_____克朗钞票上面。

国籍：_____ 代表作：《_____》

文学成就：1909年获得_____奖。

本书荣誉：世界文学史上第_____部，也是至今唯一一部获得_____奖的长篇童话作品。

主要内容：_____

2. 翻看书中插图,根据描述,找出目录中对应的故事标题。

(1)男孩坐在椅子上迷迷糊糊地打盹。

标题:＿＿＿＿＿＿＿＿＿＿＿＿＿＿＿＿＿＿＿＿

(2)男孩看见阳台下面洒满月光的院子里站着一只狐狸。狐狸仰望着男孩和大雁,仍旧无法接近它们。

标题:＿＿＿＿＿＿＿＿＿＿＿＿＿＿＿＿＿＿＿＿

3. 尼尔斯骑着大白鹅跟随大雁去了哪些地方?从目录中找到地名。

＿＿＿＿＿＿＿＿＿＿＿＿＿＿＿＿＿＿＿＿＿＿＿＿＿＿＿＿＿＿＿

＿＿＿＿＿＿＿＿＿＿＿＿＿＿＿＿＿＿＿＿＿＿＿＿＿＿＿＿＿＿＿

书海泛舟 研读

1. 根据书中的插图,了解故事情节。

(1)＿＿＿＿＿＿＿＿＿＿＿＿＿＿＿＿＿＿＿＿＿＿＿＿＿＿

＿＿＿＿＿＿＿＿＿＿＿＿＿＿＿＿＿＿＿＿＿＿＿＿＿＿＿＿＿＿＿

(2)＿＿＿＿＿＿＿＿＿＿＿＿＿＿＿＿＿＿＿＿＿＿＿＿＿＿

＿＿＿＿＿＿＿＿＿＿＿＿＿＿＿＿＿＿＿＿＿＿＿＿＿＿＿＿＿＿＿

2. 在目录中选择一个故事,快速浏览故事内容后,绘制故事情节图。

故事内容:＿＿＿＿＿＿＿＿＿＿＿＿＿＿＿＿＿＿＿＿＿＿＿

＿＿＿＿＿＿＿＿＿＿＿＿＿＿＿＿＿＿＿＿＿＿＿＿＿＿＿＿＿＿＿

故事情节图：

1. 关于"批注阅读法"，我们总结出了以下规律。

批注位置

　　在文章的上端批注，叫"_____批"；在文章的中间、段落间、行间批注，叫"_____批"；在文章的左右两侧批注，叫"_____批"；在文章的结尾批注，叫"_____批"。

批注方法

　　批标题、批词语、批句子、批段落、批修辞、批符号、批_____ _____。

批注符号

　　直线：需要_____的句子，比如中心句、过渡句。

　　波浪线：带_____的句子。

　　双横线：特别_____的句子。

　　括号：_____的段落，比如过渡段、中心思想段、表达某种感情或思想的段落。

　　圆圈：_____的词句。

2. 找找尼尔斯为伙伴们做的事，根据课件中的图片，写出故事情节。

（1）_____

（1）_____

（3）_____

这几处文段，都描述了尼尔斯对动物伙伴的帮助，尼尔斯现在已经变成了一个_____和_____的孩子！他成了动物的小伙伴和保护者！

3. 快速浏览全书，再找出三件尼尔斯为伙伴做的事，摘录开头文字即可。从中选择最能打动你的片段，说说原因。

（1）_____

（2）_____

（3）_____

我最喜欢的片段是：_____

原因：_____

写读联动 创读

1. 学习拟人修辞手法。

   拟人的概念和作用

   拟人是一种修辞手法，就是把事物_____化，把生物或非生物当成人来描写，赋予人的思想感情或动作行为。

   拟人可以使文章更加_____、_____、_____，能生动形象地写出事物的某个特点。

2. 找出三个运用拟人修辞手法的语句。

（1）_____

（2）_____

（3）_____

3. 美文赏析。

只有那高傲的海燕，勇敢地，自由自在地，在泛起白沫的大海上飞翔！

海燕叫喊着，飞翔着，像黑色的闪电，箭一般地穿过乌云，翅膀掠起波浪的飞沫。

在乌云和大海之间，海燕像黑色的闪电，在高傲地飞翔。

一会儿翅膀碰着波浪，一会儿箭一般地直冲向乌云，它叫喊着——就在这鸟儿勇敢的叫喊声里，乌云听出了欢乐。

看吧，它飞舞着，像个精灵——高傲的、黑色的暴风雨的精灵，它在大笑，它又在号叫……它笑那些乌云，它因为欢乐而号叫。

——选自高尔基《海燕》

文段中，作者运用了拟人的修辞手法。"高傲""勇敢""自由自在"，这些词本来是描写人的，现在用来描写海燕，表现出了海燕勇敢的性格。

4. 充分发挥想象，构思一段关于动物的奇妙趣事。请运用拟人的修辞手法，50字以上。

我的佳作：_____

_____

_____

_____

他人之长：

我的收获：

第1天：

速读第1—2章，边阅读边标注出你喜欢的语句。想一想，你能把它们运用到写作中去吗？（记得选择三处拍照上传哦！）

第2天：

默读第3—4章，找一找，大白鹅隐藏的秘密是什么？另一个关于大白鹅的秘密是什么？（记得上传音频哦！）

第3天：

品读第5—6章，说一说，园丁为什么会消失？达拉那省的人们到底是一些怎样的人？（记得录视频上传哦！）

第4天：

研读第7—8章，用"故事情节图"描绘出这两个故事。（记得拍照上传哦！）

第5天：

精读第9—10章，认真想一想，如果你是高尔果，你会认为自己是老鹰还是大雁？如果放鹅姐弟是你的好朋友，你打算如何帮助他们？（记得拍视频上传哦！）

2 《尼尔斯骑鹅旅行记》专题速读

篱笆那边

［美国］狄金森

篱笆那边

有草莓一棵

我知道，如果我愿

我可以爬过

草莓，真甜！

可是，脏了围裙

上帝一定要骂我！

哦，亲爱的，我猜，如果他也是个孩子

他也会爬过去，如果他能爬过！

（江枫 译）

——《日有所诵 小学五年级》(广西师范大学出版社 2017 年版)

本书展示了瑞典的地形地貌、苦难历史和自然灾害,让我们在书中寻找一下吧!

1."艾立克,仔细听着,你和我居住的这个厄兰岛原本就是那只蝴蝶。整个岛屿形状就像一只蝴蝶。岛的北面是圆圆的脑袋和细长躯体的上身,南面可以看出是躯体的下身,先是由细变粗,再由粗变细,最后才是一根尖尖的尾巴。"

2."之后,我又到诺尔其大街一位夫人家里去帮工,我在那里住得很糟糕,老鼠把我的围巾和帽子都拖走了,而且还将我的皮行李袋咬了个大洞,我只得找来一只破靴筒,用那上面的皮子来修补。我在那一家干了两周就被打发回家了,身边只剩下省吃俭用留下的两枚银币。"

3.暴涨的河水一齐涌进梅拉伦湖,不用多久,湖里就满得难以再装得下,咆哮的湖水向泄水口冲去。但是泄水口却是一条窄细的水道,根本无法将那么多的水一下子排泄出去。再加上那时经常刮着猛烈的东风,海水往河里倒灌进来。于是那个大湖毫无办法,只好任凭湖水漫溢出湖岸,泛滥成灾。

以上这三处分别描写了什么内容?

(1)_____

(2)_____

(3)_____

故事开头,尼尔斯是一个调皮捣蛋的小男孩,动物们对他是什么态度?后来,动物们对他的态度发生了很大的改变,改变的原因是什么?

进行对比式阅读,搜寻尼尔斯的成长轨迹。

根据问题,找到相关段落,摘录开头文字即可。

1.一开始,尼尔斯是如何对待别人和动物的呢?

(1)_____

(2) _____

　　(3) _____

2.尼尔斯有了转变后,动物们是如何回报他的？找到三处,摘录开头文字即可。

　　(1) _____

　　(2) _____

　　(3) _____

阅读下面文字并填空。

　　1.它们的眼睛简直让他感到害怕,黄颜色、亮晶晶的,眼睛背后似乎有团火焰在燃烧。雄鹅走起路来向来都是慢吞吞、一步三摇头地踱方步。但是这些大雁不是在行走,而是边奔跑边跳跃。它们的脚都很大,而且脚掌都磨得伤痕累累、碎裂不堪。可以料想,大雁们向来不在乎脚下踩到什么东西,它们也不会遇到了麻烦就绕道走。它们羽翎楚楚,相貌堂堂,不过脚上那副寒酸相却让人一眼就知道它们是来自荒山僻野的穷苦人。

　　这段是对大雁的_____描写,通过对大雁的眼睛、行走、脚掌的特点描写,感受到了大雁奋勇前进、不畏艰险的性格特点。同时,也能感受到尼尔斯对大雁的_____之情。

　　2.男孩现在看清楚它追赶的那只狗长着非常尖的鼻子,吼声野蛮而嘶哑,心头猛然一惊。但是他连害怕都顾不上了,攥紧了狐狸尾巴,用脚蹬住一棵山毛榉树树根。正当狐狸张开大嘴朝大雁咽喉咬下去时,他使出全身力气猛地一拽,斯密尔不曾提防,被他拖得向后倒退了两三步。

　　通过一连串_____描写,我们感受到了尼尔斯的_____和他想从狐狸嘴里救出大雁的决心！

3. 男孩的心情慢慢地静下来。他想道:"过去的就让它过去吧。我不会再为自己没能拯救那座沉没在海底的城市而烦恼了,也不会再为此而伤心了。那座气派非凡的城市即便没有沉入海底,或许过了多少年之后也会变得跟眼前这座城市一样的破败。"

通过这段心理描写,能感受到尼尔斯不再纠结,说明他已经明白放下_____才能面向未来。

4. "请你稍等一下!我立即就给你回话。"男孩压低了声音对大学生说,接着他走过桌面,从窗户跨了出去。他到了窗户外的房顶上,看到朝阳正在徐徐升起,每一座钟楼和尖塔都沐浴在晨曦的光芒之中熠熠生辉。男孩再一次情不自禁地赞美道,这真是个充满欢乐的城市。

这段讲的是渡鸦巴塔基告诉男孩一个变回人的方法,可是这个方法需要让别人当替身。尼尔斯看着熠熠生辉的朝阳,放弃了这个机会。这里运用的写作手法是_____。

请运用细节描写,写一段文字,内容不限,50字以上。

我的佳作:_____

他人之长：

我的收获：

同学们，我们已经了解了《尼尔斯骑鹅旅行记》的主要内容，课后请读完整本书。

第1天：

速读第11—12章，边读边标注出喜欢的语句！如果你是尼尔斯，需要朋友付出生命的代价才能让你破除魔法重新变回人，你会做何选择？为什么？（记得上传视频哦！）

第2天：

和爸爸妈妈一起观赏《尼尔斯骑鹅旅行记》的动画片或电影，看完说说尼尔斯是个什么样的人。（记得上传音频哦！）

《青铜葵花》阅读规划

QINGTONGKUIHUA

1 《青铜葵花》整体悦读

● **学习重点**

运用预测阅读方法，整体感知小说脉络。

● **以文育人**

发现生活中的自然之美。

2 《青铜葵花》专题速读

● **学习重点**

品词析句，体会小说的文字之美、真爱之美。

● **以文育人**

结合具体事例，体会人间大爱。

3 《青铜葵花》定向精读

● **学习重点**

抓住关键词，进一步感知小说的故事情节。

● **以文育人**

体会"美丽的痛苦"的含义。

1 《青铜葵花》整体悦读

器具

人居室中，饮食卧起，皆需器具。惟匠人造器，劳心力，费时日，其成不易。用器之人，应知爱惜，不可任意毁伤也。

——《共和国教科书新国文（初小）》（天津古籍出版社 2013 年版）

悦读导航 YUEDUDAOHANG 速读

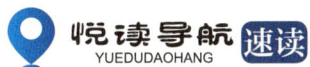

1. 识作者。

拿到一本书，我们要先看______________________________。

《青铜葵花》的作者是____________，他的代表作还有《____________》《____________》《____________》。

2. 赏封面。

从封面中，你能推测出什么？

____

____

3. 品封底。

“每一个时代的人，都有每一个时代的人的痛苦，痛苦绝不是今天的少年才有的。少年时，就有一种对痛苦的风度，长大时才可能是一个强者。”

谈谈你对这段话的理解。

____

____

____

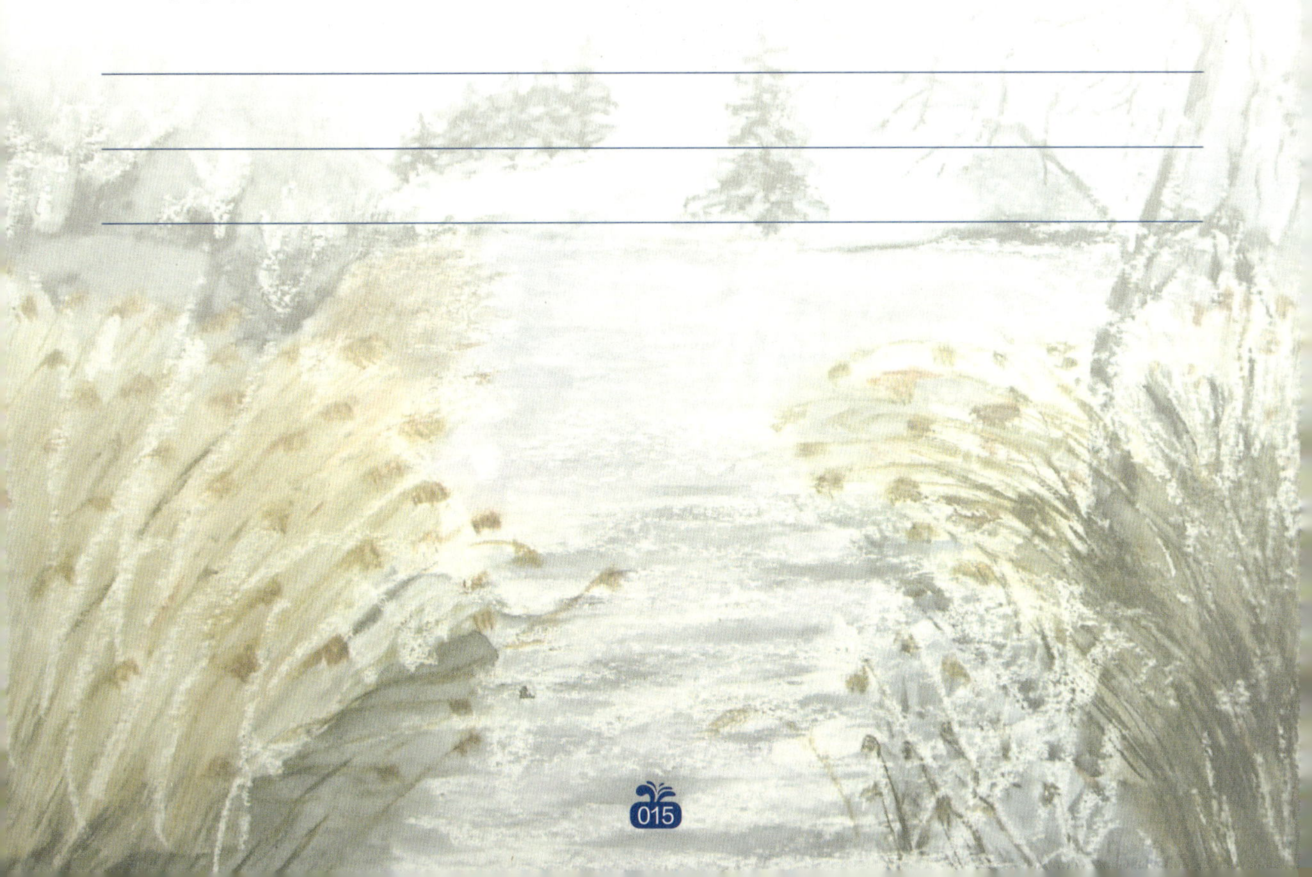

阅读第五章"金茅草",研读精彩片段。

1.速读第 1、2 节,分别拟定小标题。

第 1 节:_____   第 2 节:_____

2.细读第 3 节,回答下列问题。

(1)古人也有一些灯下苦读的故事,如_____、_____。因此,我想青铜可以_____。

(2)想象青铜是如何捉萤火虫的,将动作填在"我猜"的部分;然后阅读相应文段,看看青铜实际是怎么做的,将思维导图补充完整。

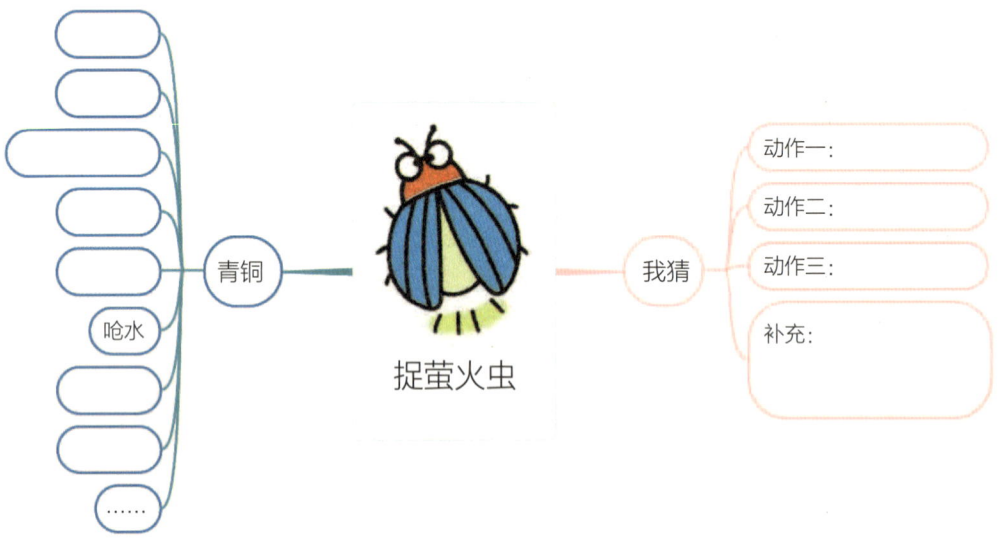

(3)说一说,青铜、葵花分别是什么样的人。

青铜:_____

葵花:_____

阅读下面的文字，回答问题。

片段1：

那是初夏，芦苇已经长出长剑一般的叶子，满眼的绿。爸爸曾经带她去看过大海。她现在见到了另一片大海，一片翻动着绿色波涛的大海。这片大海散发着好闻的清香。她在城里吃过由芦苇叶裹的粽子，她记得这种清香。但那清香只是淡淡的，哪里比得上她现在所闻到的。清香带着水的湿气，包裹着她，她用鼻子用力嗅着。

片段2：

起风了，芦苇荡好像忽然变成了战场，成千上万的武士，挥舞着绿色的长剑，在天空下有板有眼地劈杀起来，四下里发出沙拉沙拉的声音。

1. 两段文字都是对芦苇的描写，有什么区别呢？

2. 读完这样优美的文字，你有什么感受？

3. 快速浏览全书，找出景物描写并进行分析，注意动态描写、静态描写兼顾。

请运用动静结合的写作手法，为同学们勾勒出一处美景，字数不限。

他人之长：

我的收获：

第1天：
速读"金茅草"，积累好词佳句。（记得拍照上传哦！）

第 2 天：

略读"芦花鞋"，说一说青铜让葵花去上学的方法。（记得上传你的音频哦！）

第 3 天：

精读"小木船"，除了青铜，葵花还遇到了一个男孩，那个男孩是谁？你觉得他是一个什么样的人？（记得上传你的答案哦！）

第 4 天：

细读"葵花田"，简单概括在青铜和葵花身上分别发生了什么事情。（记得上传你的音频哦！）

第 5 天：

品读"老槐树"，想一想青铜一家喜欢葵花吗？你是从哪里看出来的？（记得上传你的答案哦！）

2 《青铜葵花》专题速读

老马

臧克家

总得叫大车装个够,
它横竖不说一句话,
背上的压力往肉里扣,
它把头沉重地垂下!

这刻不知道下刻的命,
它有泪只往心里咽,
眼里飘来一道鞭影,
它抬起头望望前面。

——《日有所诵 小学五年级》(广西师范大学出版社 2017 年版)

1. 请将下列故事碎片的序号填在相应的章节，重新点亮故事拼图。

①贫穷善良的青铜家认领了葵花，葵花和青铜成为兄妹。

②葵花在芦苇荡中被嘎鱼捉弄，青铜帮助了葵花。

③为了葵花上学，青铜放弃了自己的上学梦想。

④狂风暴雨来袭，大麦地变成废墟。

⑤葵花的爸爸在写生时遇难，葵花成了孤儿。

⑥葵花教青铜识字。

| "小木船" | "葵花田" | "老槐树" | "芦花鞋" | "金茅草" |

2. 除此之外，你还能想起哪些故事情节？（至少两处）

_____

_____

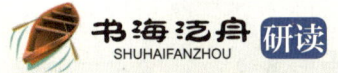

1. 品文字之美。

片段1：

葵花很孤独，是那种一只鸟拥有万里天空而却看不见另外任何一只鸟的孤独。这只鸟在空阔的天空下飞翔着，只听见翅膀划过气流时发出的寂寞声。苍苍茫茫，无边无际。各种形状的云彩，浮动在它的四周。有时，天空干脆光光溜溜，没有一丝痕迹，像巨大的青石板。实在寂寞时，它偶尔会鸣叫一声，但这鸣叫声，直衬得天空更加的空阔，它的心更加的孤寂。

片段2：

青铜很孤独。一只鸟独自拥有天空的孤独，一条鱼独自拥有大河的孤独，一匹马独自拥有草原的孤独。

（1）这两段文字都描写了_____的感受。

（2）你觉得这两段文字写得好吗？结合修辞手法，谈谈你的理解。

_____

_____

_____

2. 晓批注之法。

在语文学习中，我们经常会使用符号批注，如波浪线、直线。除此以外，我们还可以使用文字批注，如_____、_____、_____、_____、_____。

3. 感动人之情。

阅读下面的文字，回答问题。

接下来的日子里，他们就这样不停地捶草，不停地搓绳，不停地绕绳，不停地编织。生活虽然艰辛，但这家人却没有一个愁眉苦脸的。他们在一起，有说有笑。心里惦记着的是眼下的日子，向往着的是以后的日子。马车虽破，但还是一辆结结实实的马车。马车虽慢，但也有前方，也有风景。老老小小五口人，没有一个嫌弃这辆马车。要是遇上风雨，遇上泥泞，遇上坎坷，遇上陡坡，他们就会从车上下来，用肩膀，用双手，倾斜着身子，同心协力地推着它一路前行。

（1）请对以上文段进行批注。

（2）试着在书中找一找那些饱含爱意的字词或句子。记得画出关键词句，做好文字批注。

品读

这样一本好书,有很多打动人心的细节描写。它用特写镜头似的语言,将动作、表情、话语等,通过准确、生动、细致的描绘进行放大,使读者如见其人、如睹其物。请找一找文中的细节描写,在书中批注后与同学分享。

创读

请将思维导图补充完整。

鉴读

他人之长:

我的收获:

第 1 天：

速读"冰项链"，积累好词佳句。（记得拍照上传哦！）

第 2 天：

略读"三月蝗"1—3 节，想一想，青铜、葵花在面临饥饿的时候是怎么做的。（记得上传你的答案哦！）

第 3 天：

精读"三月蝗"4—6 节，为 4—6 节分别起一个小标题。（记得上传你的答案哦！）

第 4 天：

品读"三月蝗"7—8 节和"纸灯笼"第 1 节，看了奶奶为孩子们做的事情，你想对奶奶说些什么呢？（记得上传你的音频哦！）

第 5 天：

阅读"纸灯笼"剩余章节，回顾前 8 章内容，至少在书中补充三处批注。（记得拍照上传哦！）

3 《青铜葵花》定向精读

🔊 书声朗朗 朗读

母羊求救

童子出游。有母羊向之悲鸣,既前走,又屡顾。童子怪之,随其后。至一池旁,见小羊堕水中,哀号方急。童子乃握其角,提置岸上。母羊偕小羊,欢跃而去。

——《共和国教科书新国文(初小)》(天津古籍出版社2013年版)

1. 速读回顾。

(1) 请将下列故事碎片的序号填在相应的章节，重新点亮故事拼图。

①葵花去江南捡银杏。

②葵花成了村里演出的主持人，青铜为她做冰项链。

③蝗虫来袭，庄稼被啃食得一干二净。

④嘎鱼给青铜家送鸭子。

⑤青铜捉回嘎鱼家的鸭子，在全村走了一遍，洗脱冤屈。

⑥奶奶病倒了，牛也死在了干稻草上。

"冰项链"　　"三月蝗"　　"纸灯笼"

(2) 除此之外，你还能想起哪些故事情节？（至少两处）

_____

_____

2. 快乐扬帆。

(1) 一个消息像一朵黑色的云彩，在大麦地飘来飘去，这个消息是_____

_____。

(2) 葵花、青铜和爸妈知道了这个消息后，却都瞒着对方，因为_____

_____。

(3) 从第2节村里人的谈话中，我知道了_____

_____。

(4) 最后，青铜为什么总坐在河边大草垛顶上？

"苦难几乎是永恒的。每一个时代,有每一个时代的苦难。"我们一起回顾一下青铜一家遭遇的苦难。

1. 火灾后的高烧,使原本说话流利的青铜成了哑巴。对于青铜来说这意味着什么?

2. 葵花的妈妈得病死了,她一直和爸爸相依为命,可后来爸爸也去世了。看到葵花失去了唯一的依靠——爸爸,你有什么感受?

3. 生活的磨难还在继续,请用简洁的语言概括书中描写的还有哪些苦难。

阅读文段,回答问题。

妈妈从箱底取出了奶奶临死前给葵花留下的玉镯,看了看,想起了奶奶耳朵上那对耳环和手指上那只戒指,叹息道:"她除了一身的衣服,什么也没有为自己留下。"

1. 想想奶奶的首饰都去哪里了?

2.灾难面前更显人性的光辉,你还能找到哪些打动你的事情?

请你以葵花的身份,给哥哥青铜写一封信。(要求:表达出真情实感,字数不限,注意书信的格式。)

他人之长:

我的收获：

开卷有益 KAIJUANYOUYI 自读

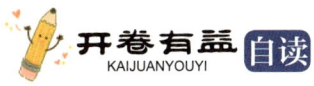

第 1 天：

汇总积累的佳句。（记得拍照上传哦！）

第 2 天：

请录制一段视频，向同学们推荐一下这本书。（记得上传你的视频哦！）

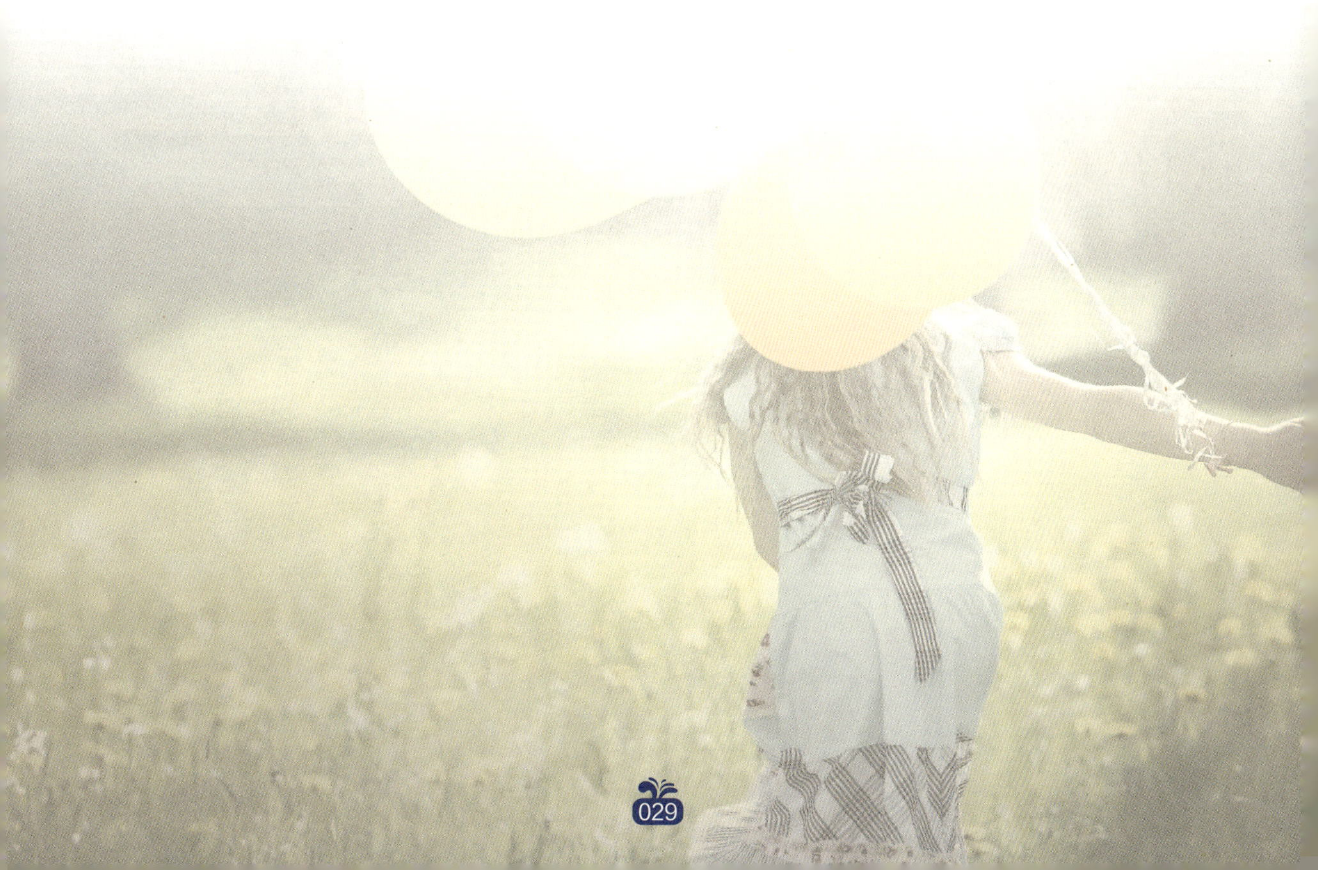

《中国民间故事》阅读规划

1 《中国民间故事》整体悦读

● **学习重点**

学习"三段结构法",了解故事内容。

● **以文育人**

初步感知民间故事善恶对立和结局圆满的特征。

2 《中国民间故事》专题速读

● **学习重点**

借助故事情节,感受人物形象。

● **以文育人**

进一步感知民间故事善恶对立和结局圆满的特征。

3 《中国民间故事》定向精读

● **学习重点**

感受民间故事情节夸张、充满想象的特点。

● **以文育人**

体会真善美,树立正确的是非观。

1 《中国民间故事》整体悦读

 朗读

审判官

[印度] 泰戈尔

你想说他什么尽管说罢，但是我知道我孩子的短处。

我爱他并不因为他好，只是因为他是我的小小的孩子。

你如果把他的好处与坏处两两相权一下，恐怕你就会知道他是如何的可爱罢？

当我必须责罚他的时候，他更成为我生命的一部分了。

当我使他眼泪流出时，我的心也和他同哭了。

只有我才有权去骂他，去责罚他，因为只有热爱人的才可以惩戒人。

（郑振铎 译）

——《日有所诵 小学五年级》（广西师范大学出版社2017年版）

 速读

1. 仔细观察封面,你获得了哪些信息?

_____

_____

2. 回忆图片所描绘的故事,将故事名称写在横线上。

_____ _____ _____

_____ _____ _____

3. 快速浏览目录,概括本书的主要内容。

_____

_____

 研读

1. 快速阅读《牛郎织女鹊桥相会》，谈一谈民间故事的特点。

2. 默读《神奇七兄弟》，从中你还能发现民间故事的哪些特点？

3. 浏览目录，按类别将故事名称写在下列横线上。

幻想故事：

动物故事：

生活故事：

民间笑话：

 品读

精读《金斧子、银斧子和铁斧子》，回答下列问题。

1. 概括故事的主要内容。

2. 它属于哪一类民间故事？

3. 简要说一说运用"三段结构法"的好处。

 创读

选择你喜欢的民间故事,将思维导图补充完整。

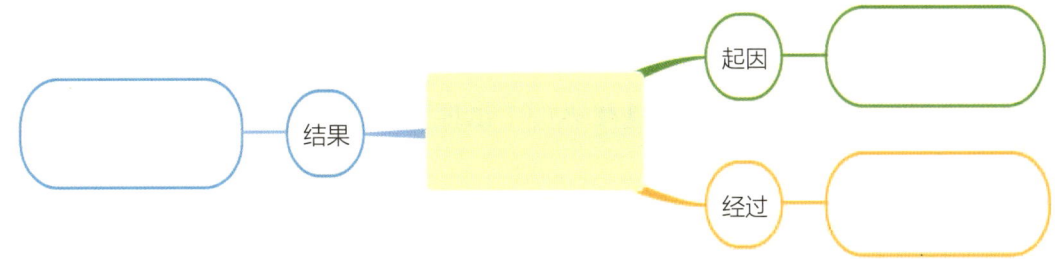

 鉴读

他人之长:

我的收获:

第1天：

速读《端午节》，找一找，端午节为什么有吃粽子的风俗？（记得上传你的答案哦！）

第2天：

默读《聪明的阿凡提》，你认为阿凡提是一个什么样的人？（记得上传你的想法哦！）

第3天：

品读《华佗虚心求学》，这个故事对你在学习方面有什么启发？谈谈你的认识，在父母的协助下录制一个小视频吧！（记得上传你的视频哦！）

第4天：

精读《雪山之巅的幸福鸟》，简要概括汪嘉寻找幸福鸟的过程。（记得上传你的答案哦！）

第5天：

通读《阿巧养蚕》，查阅相关资料，了解一下养蚕的方法吧！（记得上传你搜集的资料！）

2 《中国民间故事》专题速读

书声朗朗 朗读

象

象,体壮而健,皮坚而厚。口有两牙,伸出唇外。其鼻甚长,能吸水,纳于口而饮之。又能卷取食物,如人之用手。

——《共和国教科书新国文(初小)》(天津古籍出版社2013年版)

1. 快速阅读《雪山之巅的幸福鸟》，写一写西藏少年汪嘉为寻找幸福鸟经历的困难。

2. 品读下面的文字，说一说这种叙事方式有什么好处。

"太阳，太阳，快升起来！"幸福鸟叫了一声，太阳就升起来了。温暖和煦的阳光普照着大地。

"大河，小溪，快流过来！"幸福鸟叫了第二声，大河就翻滚着波涛向东奔去，小溪也在山涧轻快地流淌着。

"树木，花草，快长出来！"幸福鸟叫了第三声，山上就长出了参天的大树，地里开出了各色的鲜花。

好处：

3. 哪些民间故事也具有类似的叙事方式？比一比，看谁写得最多！

4. 读左右两列词语，它们的表达效果有什么不同？想一想，民间故事常用的语言是哪一种？

鼻子都气歪了　　　气急败坏
前怕狼后怕虎　　　畏首畏尾
一个巴掌拍不响　　孤掌难鸣

《中国民间故事》阅读规划

默读《天书》，回答下列问题。

1. 概括故事的主要内容。

2. 根据故事内容，将表格补充完整。

人物	形象特点

3. 哪些故事情节体现了上述人物的形象特点？试着写一写。

4. 对于这个故事的结局，你有什么看法？

 品读

1. 默读《聪明的阿凡提》，根据故事内容将思维导图补充完整。

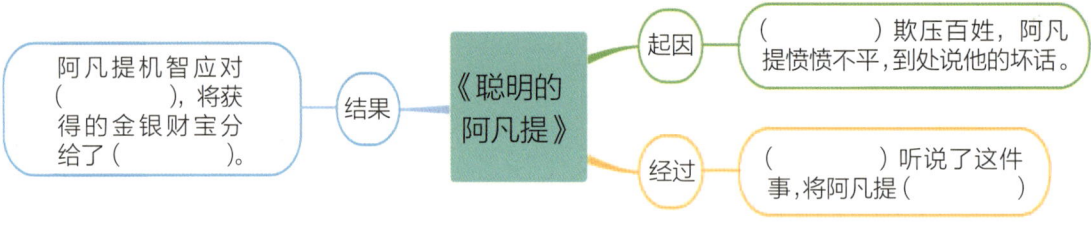

2. 创造性复述故事的方法有哪些？

_____

_____

 创读

展开想象的翅膀，改写《孟姜女哭长城》的结局。

_____

_____

_____

_____

 鉴读

他人之长：

我的收获：

第1天：

速读《孟姜女哭长城》，孟姜女是怎样找到丈夫尸骨的？（记得上传你的答案哦！）

第2天：

默读《东郭先生和狼》，你赞同农夫的做法吗？为什么？谈谈你的想法，在父母的协助下录制一个小视频吧！（记得上传你的视频！）

第3天：

品读《蒙古族的马头琴》，概括苏和制作马头琴的过程。（记得上传你的答案！）

第4天：

精读《寻找石画眉》，找出瑶族姑娘寻找石画眉的原因。（记得上传你的答案哦！）

第5天：

阅读《飞来峰》，查阅相关资料，了解飞来峰的位置及地理环境。（记得上传你搜集的资料哦！）

3 《中国民间故事》定向精读

 朗读

风

（中国台湾）谢武彰

妈妈把洗好的衣服

晾在绳子上

蜻蜓来看看就走了

蝴蝶来看看就走了

白云来看看也走了

只有风最好奇了

悄悄地试穿着——

爸爸的上衣跟裤子

妈妈的洋装跟裙子

弟弟的制服跟鞋子

他们互相看着彼此的怪模样

呼呼地笑得喘不过气来

哎呀——风好坏喔

还拿了我的毛巾跟手帕

擦过了汗

都扔在地上了

又拿了妹妹的圆帽子

当作铁环滚走了

害我跑了好远好远才追回来

——《日有所诵 小学五年级》（广西师范大学出版社2017年版）

1. 看到"寻找石画眉"这个题目，你有什么疑问或猜想？

_____

_____

2. 下面的文字体现了民间故事的什么特点？

金色的鲤鱼听完后说："离这里九百九十九里路的南方，有一座高山叫作画眉山，画眉山上有一只像水牛那么大的石画眉。它站在岩石上，口里喷出一股清泉，叫作画眉泉。如果有人仰起头用嘴巴喝了画眉泉的泉水，那么他的歌声，就会像画眉鸟那样婉转动听，像泉水那么清脆悦耳。不过你们可要小心，因为当有人要喝画眉泉的泉水时，这只石画眉就会飞下来啄人，你们一定要想办法先制服它才行。"金色的鲤鱼说完，摆一摆长长的尾巴，随着溪水游走了。

特点：_____

_____

3. 快速阅读《飞来峰》，找出文中描写山峰飞到村庄的文段。

_____

_____

4. 阅读下列文字，说一说你从中感受到了民间故事的什么特点。

人们赶到他跟前，一把揪住他，刚要打下去，没想到霎时天昏地暗，伸手不见五指，大风刮得呼呼地响。人们赶紧抬起头来，隐隐看见一座山峰从天上远远飞来，已经飞到这个村庄的顶上。疯和尚回头一看，有一些跑得慢的老幼妇孺，还没有跑出村庄……人们都被震倒在地，等大家爬起来后，已经云散风停，太阳正好照在头顶上了，却见一座山峰稳稳地落在他们的村庄里。

特点：_____

_____

5. 简要概括《寻找石画眉》与《飞来峰》这两个故事的结局，思考它们的共同之处。

_____

_____

默读《东郭先生和狼》，回答下列问题。

1. 简述故事的主要内容。

_____

_____

2. 你认为东郭先生是一个什么样的人？

3. 狼代表了现实生活中的哪一类人？读完这个故事，你明白了什么道理？

 品读

1. 快速阅读《唐伯虎的画功》和《老鼠嫁女》的故事，找出两个故事的不同之处。

2. 民间故事按结构可以分为哪两种？

 创读

在故事《老鼠嫁女》中，你还想让鼠女嫁给谁呢？展开想象的翅膀，动笔写一写吧！

他人之长：

我的收获：

第1天：

把喜欢的民间故事讲给父母听，在父母的协助下录制一个小视频吧！（记得上传你的视频哦！）

第2天：

搜集一个其他国家的民间故事，读一读，谈谈自己的感受。（记得上传你的感受哦！）

《一千零一夜》阅读规划

1 《一千零一夜》整体悦读

● 学习重点

通过"咬文嚼字读书法",初步欣赏阿拉伯地区的风土人情。

● 以文育人

乐于助人是一种美好品质。

2 《一千零一夜》专题速读

● 学习重点

通过书中不同人物的对比,感受书中人物鲜明的形象。

● 以文育人

学习书中人物正直、善良的优秀品质。

3 《一千零一夜》定向精读

● 学习重点

深入感受作品的语言表达能力和想象能力。

● 以文育人

学习书中人物坚强、勇敢的优秀品质。

1 《一千零一夜》整体悦读

不识字

　　山有狼，猎人谋捕之，设阱山下。大书墙上曰："下有狼阱，行人止步。"有不识字者，误蹴之，坠阱，大呼求援。既出，人指墙上字告之。乃叹曰："吾苟识字，岂至此哉！"

　　——《共和国教科书新国文（初小）》（天津古籍出版社2013年版）

通过"四看阅读法"了解本书的作者、作品、内容提要、目录。

1. 填写《一千零一夜》简介卡片。

作家：_____

国籍：_____ 地区：_____

代表篇目：《阿拉丁和_____》《阿里巴巴和_____》
《_____航海历险记》。

本书写作特点：_____

主要内容：_____
_____

2. 翻看插图，猜猜图中的人物是谁。

（1）_____

（2）_____

1. 阅读精彩片段，边读边想象，将你脑海中想象的画面写下来。

恰在这时，从那大门之内刮来一阵令人惬意的微风，随风飘来一股香味。脚夫情不自禁地陶醉了，一屁股坐在石凳上。只听得大门里面传来悦耳动听的琴声、婉转悠扬的琵琶声、珠圆玉润的歌声以及各种语言交织在一起的美妙声音。他侧耳细听，发现有斑鸠、金丝雀、八哥、夜莺等许多鸟儿在用各种声音和各种语言鸣唱。

我脑海中的画面：_____

2.阅读下面文字，谈谈你的感受。

只见这栋住宅富丽堂皇，无比壮观，透出既温馨又庄重的氛围。他又朝席间望去，只见席上皆为达官贵人和王公贵族，席间摆着各种各样的花卉和果品，山珍海味、美味佳肴和玉液琼浆应有尽有，还摆放着一种葡萄特酿。各种乐器一应俱全，明眸皓齿的美女们按顺序排定，依次坐在那里，各持乐器，边弹边唱。

我的感受：_____

3.默读下段文字，说说具体描写了什么情景。

我竭力振作精神，在岛上四处乱逛。然而岛上什么都没有，之后我发现在岛上有一个白色的庞然大物，待我走近一看，原来是一座高耸入云的白色圆形大拱包。我试图找到能够进入拱包里面的方法。此刻，夕阳西坠，眼看白天就要过去，可是我依然没有找到良策。

描写的情景是：_____

品味书香 品读

快速浏览全书，找出运用夸张修辞手法的语句（至少三处），摘录开头文字即可，从中选择最能打动你的内容，说说原因。

1. _____

2. _____

3. _____

我最喜欢的是：_____

原因：_____

_____

写读联动 创读

文中有很多关于美丽景色的描写，让我们写一小段文字，描述自己家乡的美丽景色，并试着配上一幅美丽的图画。

我的佳作：_____

_____

_____

_____

_____

 鉴读

他人之长：

我的收获：

 自读

第1天：

速读第1章，哪两件事让山鲁亚尔变得冷酷无情？山鲁佐德如何得到了讲故事的机会？（记得上传音频分享哦！）

第2天：

朗读第2章，渔夫居然打捞上来一个魔鬼，在书中找出有关魔鬼的描写并朗读。（记得上传朗读音频哦！）

第3天：

默读第3章，和爸爸妈妈讨论一下，阿里的商人朋友是个什么样的人？（记得上传音频分享哦！）

第4天：

品读第4章，在这个故事中，太子骑着乌木马飞上天，你有过类似的幻想吗？（记得上传音频分享哦！）

第 5 天：

研读第 5 章，航海探险家辛巴德的故事充满了奇幻的冒险，你还知道哪些探险家的真实故事？说说看。（记得上传视频分享哦！）

❷《一千零一夜》专题速读

家

（中国台湾）杨唤

树叶是小毛虫的摇篮，
花朵是蝴蝶的眠床，
歌唱的鸟儿谁都有一个舒适的窠，
辛勤的蚂蚁和蜜蜂都住着漂亮的大宿舍，
螃蟹和小鱼的家在蓝色的小河里，
绿色无际的原野是蚱蜢和蜻蜓的家园。

可怜的风没有家，
跑东跑西也找不到一个地方休息；
飘流的云没有家，
天一阴就急得不住地流眼泪。
小弟弟和小妹妹最幸福哪！

《一千零一夜》阅读规划

> 生下来就有妈妈爸爸给准备好了家，
> 在家里安安稳稳地长大。
> ——《日有所诵 小学五年级》（广西师范大学出版社 2017 年版）

1. 概括《辛巴德航海历险记》的主要内容。
_____

2. 概括辛巴德七次探险经历。

第一次：_____

第二次：_____

第三次：_____

第四次：_____

第五次：_____

第六次：_____

第七次：_____

3. 辛巴德每次都是靠（　　　　　　）化险为夷的。

4. 辛巴德为什么要冒着生命危险去航海旅行？

原因：_____

书海泛舟 研读

1. 谈谈阿里巴巴的故事中让你印象深刻的人物并说明原因。

人物1：_____

原因：_____

人物2：_____

原因：_____

人物3：_____

原因：_____

2. 写出序号所代表的内容，完善《阿里巴巴和四十大盗》中的人物关系图。

（1）_____ （2）_____ （3）_____ （4）_____

（5）_____ （6）_____ （7）_____ （8）_____

3. 通过"对比式阅读法"，总结人物特点。

阿里巴巴：_____

卡西姆：_____

麦尔加娜：_____

 品读

1. 快速浏览全书，找出三处人物描写，摘录每段开头文字即可，谈一谈哪段

人物描写最能打动你,说明原因。

(1) _____

(2) _____

(3) _____

我最喜欢:_____

原因:_____

2. 常用的人物描写方法:(　　　)描写、(　　　)描写、(　　　)描写、(　　　)描写。

阅读下面文字,品味精彩片段。

那鼻子之大,衬得全身都小了。据说实在是大得出奇,鼻梁是拱起的,鼻上全是疙瘩,颜色青紫,像茄子那样,鼻尖盖过嘴巴两三指宽。这样一个颜色青紫、疙疙瘩瘩的拱梁大鼻,使他那张脸奇丑不堪。

——《堂吉诃德》

这段文字,让我们仿佛看到了一个脸上长着紫色茄子的怪人。

每个人都有与众不同的特点,请抓住主要特点描述一下你的好朋友,并给他(她)画一幅肖像画。

我的佳作:_____

_____

_____

_____

_____

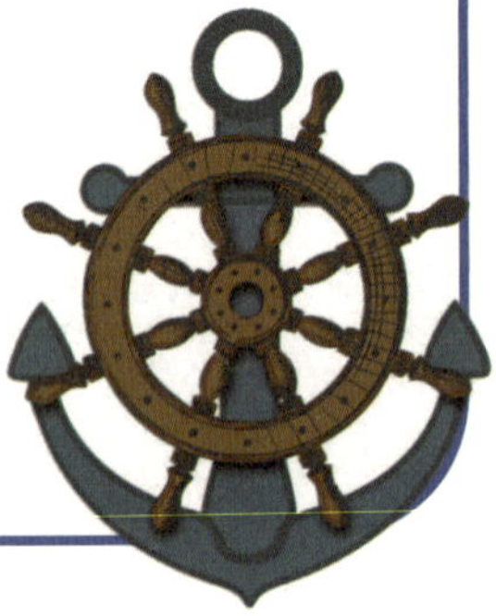

书韵悠长 SHUYUNYOUCHANG 鉴读

他人之长：

我的收获：

开卷有益 KAIJUANYOUYI 自读

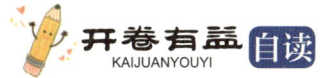

第 1 天：

默读第 5 章，辛巴德为什么要冒着生命危险去航海旅行？从他身上，我们能学到什么？说说你的看法。（记得上传音频哦！）

第 2 天：

朗读第 6 章，阿里巴巴的哥哥嫂嫂如何得知阿里巴巴发财的事？找出相关内容并朗读。（记得上传朗读音频哦！）

第 3 天：

品读第 7 章，你最喜欢这个故事中的哪个人物？把原因说给爸爸妈妈听。（记得上传你的音频哦！）

第 4 天：

研读第 1 章和第 2 章，为什么山鲁佐德愿意牺牲自己嫁给残暴的国王？想象一下，如果你是山鲁佐德，你会怎么做？（记得上传音频哦！）

第 5 天：

精读第 3 章和第 4 章，为什么法官断不了的案子，几个孩子却能了断呢？查阅资料，分享一个机智断案的故事。（记得上传你的讲故事视频哦！）

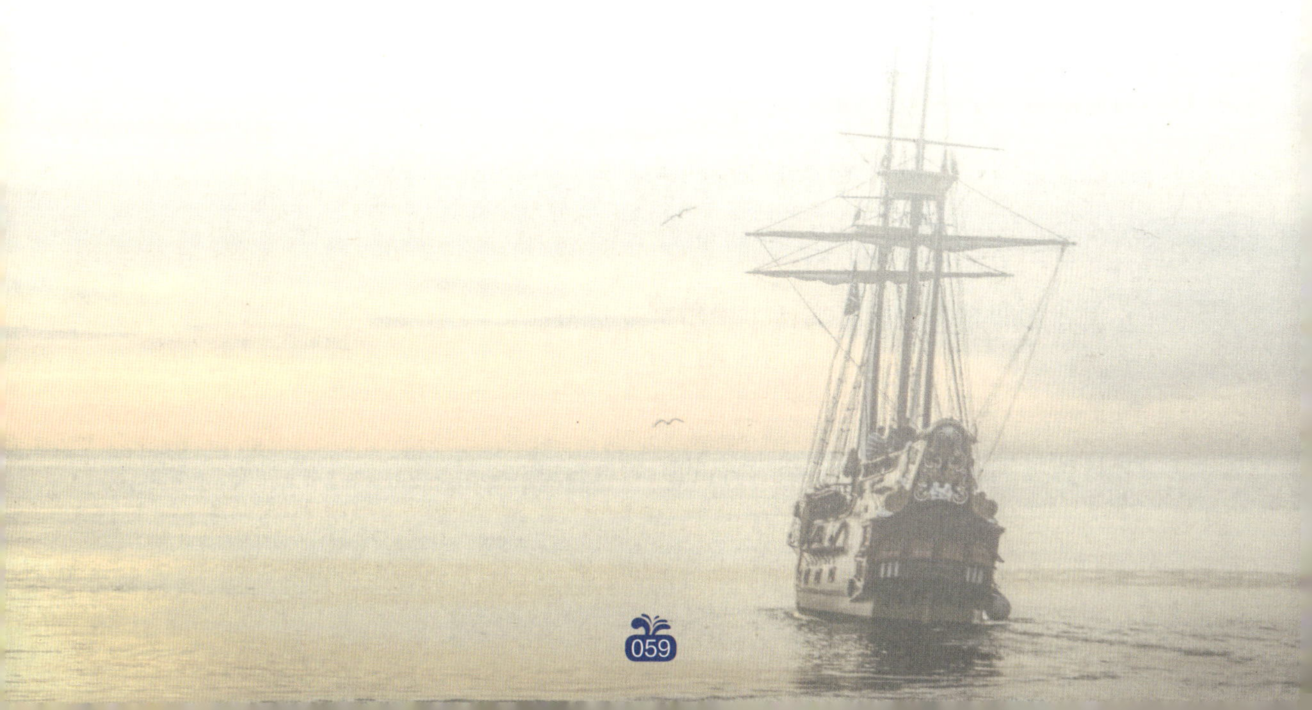

3 《一千零一夜》定向精读

 朗读

岁寒三友

儿侍父,立庭前。见梅树著(着)花,松竹并茂。儿问曰:"霜、雪之时,他树多枯落,何以三者独否?"父曰:"其性皆耐寒,与他树不同。古人称岁寒三友,即松、竹、梅也。"

——《共和国教科书新国文(初小)》(天津古籍出版社2013年版)

 速读

阅读阿拉丁的故事,回答下面问题。

1. 说一说阿拉丁最初是个什么样的人。

2. 遇到非洲魔法师后,阿拉丁经历了什么奇遇?

3. 最后,阿拉丁是如何得到幸福的?

4. 如果非洲魔法师得到神灯，他也能得到幸福吗？

如果非洲魔法师得到神灯，他（能、不能）得到幸福，因为：_____
_____

1. 写出序号所代表的内容，完善《阿拉丁和神灯》中的人物关系图。

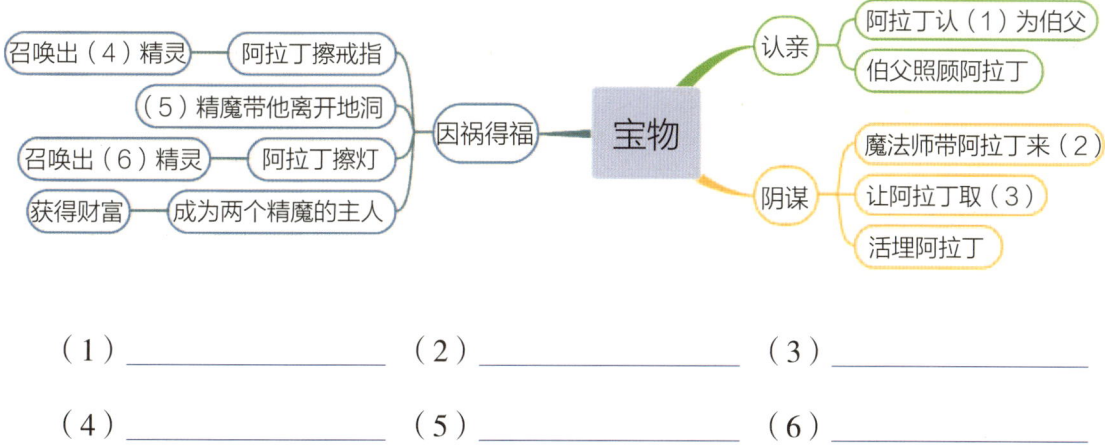

（1）_____　（2）_____　（3）_____

（4）_____　（5）_____　（6）_____

2. 对比、总结《阿拉丁和神灯》中的主要人物特点。

阿拉丁：_____

非洲魔法师：_____

小魔法师：_____

快速浏览全书，找出三处表现丰富、奇特想象力的文字，摘录开头文字即可。

哪段文字更打动你，说明原因。

1. _____

2. _____

3. _____

我最喜欢：_____

原因：_____

阅读卡夫卡的《变形记》片段，请你插上想象的翅膀，去仿写一段有趣的文字。

格里格尔·萨姆沙做了一连串的噩梦，等早上清醒过来的时候，他发觉自己已经变成了一只巨大的虫子，正在床上躺着。他背上背负着坚硬的甲壳，面朝上躺在那里，只要微微抬起头来便能看见自己高耸的肚皮。肚皮是褐色的，表面由很多呈弧状的甲壳组成。由于肚子膨胀得太大，被子显然不够盖了，滑落下去已是迫在眉睫。跟庞大的躯干相比，他的腿则又细又小，这会儿正在不停地抖动着，落在他眼中，愈发显得可怜巴巴的。

我的佳作：_____

_____

_____

_____

_____

_____

他人之长：

我的收获：

第1天：

回顾整本书，说说你最喜欢哪个故事？最喜欢的故事人物是谁？为什么？（记得上传音频分享哦！）

第2天：

欣赏动画电影《阿拉丁》，你觉得电影中的人物形象和你想象的一致吗？（记得上传音频分享哦！）

《列那狐的故事》阅读规划

LIENAHUDEGUSHI

1 《列那狐的故事》整体悦读

● 学习重点

通过精彩故事,了解故事情节和人物形象。

● 以文育人

感受列那狐和熊猫梯培的机智。

2 《列那狐的故事》专题速读

● 学习重点

通过语言、神态、动作等描写,体会作者要表达的感情。

● 以文育人

感受狮王和雄狼的愚笨。

1 《列那狐的故事》整体悦读

雨天

[印度] 泰戈尔

乌云很快地集拢在森林的黝黑的边缘上。

孩子,不要出去呀!

湖边的一行棕树,向暝暗的天空撞着头;羽毛零乱的乌鸦,静悄悄地栖在罗望子的枝上,河的东岸正被乌沉沉的暝色所侵袭。

我们的牛系在篱上,高声鸣叫。

孩子,在这里等着,等我先把牛牵进牛棚里去。

许多人都挤在池水泛溢的田间,捉那从泛溢的池中逃出来的鱼儿,雨水成了小河,流过狭街,好像一个嬉笑的孩子从他妈妈那里跑开,故意要恼她一样。

听呀,有人在浅滩上喊船夫呢。

孩子，天色暝暗了，渡头的摆渡船已经停了。

天空好像是在滂沱的雨上快跑着；河里的喧叫而且暴躁；妇人们早已拿着汲满了水的水罐，从恒河畔匆匆地回家了。

夜里用的灯，一定要预备好。

孩子，不要出去呀！

到市场去的大道已没有人走，到河边去的小路又很滑。风在竹林里咆哮着，挣扎着，好像一只落在网中的野兽。

（郑振铎　译）

——《日有所诵 小学五年级》（广西师范大学出版社 2017 年版）

1. 观察课件中的图片，概括故事的主要内容。

2. 看封面，说一说封面上都有谁？他们在干什么？

3. 作者名片。

```
作　者：_____
国　籍：_____
代表作：_____
```

4. 观察插画，从目录中找出与插画对应的小标题。

_____　　_____　　_____

阅读文字，回答问题。

出于贪吃的念头和好奇，列那打算寻找这鲜美肉香的来源，看看是不是能在散发这股诱人香气的地方碰巧找到它的午餐。

……

"梯培，梯培，"列那怒骂起来，"如果你连一小块香肠也不给我尝尝，你就是一个狠毒的家伙。"

1. 根据故事情节，给下列文字排序。

A. 列那和梯培决定偷香肠

B. 梯培和列那去寻找香味的来源

C. 列那闻到香肠的香味

D. 香肠在梯培手里

E. 香肠在列那手里

F. 香肠被带到高处吃掉

正确顺序：_____

2. 列那和梯培为了一根香肠是如何进行大战的？结果谁获得了香肠？

_____

_____

3. 由故事可以看出，列那和梯培有哪些共同的性格特点？

_____

4. 理清故事脉络，补全思维导图。

品读文字，回答问题。

不知是凑巧，还是列那的计谋，它俩来到了附近的一个池塘旁边。

……

贪吃的欲望真有魔力，这句话马上勾起了叶森格仑的馋欲，它立刻忘了刚才受戒挨烫的痛苦了。

……

列那暗自好笑，它马上结结实实地将水桶绑在叶森格仑的尾巴上。叶森格仑就坐在冰上，把水桶沉到了冰窟里。

……

夜越来越冷。叶森格仑尾巴上吊桶周围的水慢慢地冰冻了。可怜的叶森格仑感觉水桶越来越重，还以为已经装满了鱼呢。最后，冰结得又厚又硬，叶森格仑动弹不得了。……

1. 用"_____"划出你认为有趣的语句。

2. 找出表现这则寓言故事巧合、好奇、冲突的语句，从叙事技巧上体会故事的趣味性。

巧合：_____

好奇：_____

冲突：_____

如果你是列那，遇到装满鲜鱼的车，你会有什么妙计？

_____

_____

他人之长：_____

_____

_____

我的收获：_____

_____

第1天：

泛读第1—2章，说一说列那是如何来到这个世界的？列那又是如何戏弄叶森格仑的？（记得上传你的音频哦！）

第2天：

精读第3—4章，找出列那欺负了哪些比它弱小的动物，并做成一张手抄报。（记得拍照上传你的佳作哦！）

第3天：

品读第5章，和父母讲述列那利用"真假狐皮"逃离了王爷城堡的故事，学习列那机智冷静的处事方式。（记得上传你的音频哦！）

第4天：

研读第6—7章，对众臣控诉列那以及列那被判除死刑的结局，说一说你对"做坏事必将受到惩罚"的认识。（记得上传你的音频哦！）

第5天：

阅读第8章，说一说你对"做人做事要讲诚信，不能贪小便宜"的理解。（记得上传你的音频哦！）

❷《列那狐的故事》专题速读

运动

钟儿饭罢，跳跃为戏。未几，气喘汗出，腰、腹作痛。父曰："运动失宜，有碍卫生。饱饭之后，当缓步院中，使所食之物，易于消化。今汝饭后跳跃，是失宜也。后当慎之。"

——《共和国教科书新国文（初小）》（天津古籍出版社2013年版）

1. 阅读文字，回答问题。

那天天气非常冷，天空灰蒙蒙的。列那看着家里那几个已经空了的食橱。

海梅林夫人坐在安乐椅里，愁眉苦脸地摇着头。

"什么也没有了，"它忽然说，"我们家里什么吃的都没有了。孩子们快回来了，它们吵着要吃饭，我们怎么办呀？"

"我再出去碰碰运气吧。"列那长叹了一口气，说："但我真不知该到哪里去。"

它还是出去了，因为它不想看到妻子和孩子们哭，并且它好像已经看到它的敌人——饥饿来了，它预备和它做一场斗争。

（1）列那在什么情形下寻找食物？

（2）通过环境和语言描写，表现了列那什么特点？

（3）上述文字表达了作者对列那的什么看法？

2. 速读文字，回答问题。

"杀死兰姆的真正凶手是倍令。事情已经很明显，还有什么可以质疑的呢？"

倍令吓得目瞪口呆，直瞪着眼睛。

狮王认为列那是凶手的想法开始动摇了。

……

这时候，狮王对于列那的怀疑已经不像之前那么坚定了，它更担心的是宝藏的问题。狮王不知道该相信列那的辩白还是相信倍令的控告，于是它做了一个手势，制止手下人对列那进行愤怒的进攻。

（1）在原文中用"_____"标出狮王态度转变的语句。

（2）这些态度变化，体现了狮王_____的性格特点，抒发了作者对狮王的_____。

（3）简单谈谈你对狮王的看法。

默读文字，回答问题。

1. 宝藏究竟存不存在呢？在这个问题上，狮王有点儿犹豫不决了。因为宝藏的诱惑力太大，狮王被它深深吸引住了，所以它宁愿相信列那原先的话。它认为只是列那不愿意将宝藏交出来而已。

这段文字运用了_____的描写方法，形象生动地反映出狮王_____想法，揭示了狮王_____性格特点。

2. "好外甥，至少你分给我一块吧，只要一块就行。你清楚我已经饿得心里发慌了，你就给我一块，一小块就好！就算是你布施吧！"

……

但此刻的叶森格仑已经被贪吃的念想彻底征服了。

"那就请剃吧，剃光了头发，多给我一些美味佳肴！"叶森格仑说。

（1）这段文字运用了什么描写方法？

（2）借助故事情节，可以看出叶森格仑怎样的心情？什么样的性格特征？

《列那狐的故事》阅读规划

1. 将动物和对应的性格特征连一连。

列那狐　　　　　　　　　愚蠢自大

雄狼叶森格仑　　　　　　足智多谋

狮王诺伯勒　　　　　　　聪明伶俐

白颊鸟梅赏枝　　　　　　胆小怕事

熊猫梯培　　　　　　　　自私自利

兔子兰姆　　　　　　　　贪婪凶悍

狗熊勃伦　　　　　　　　机灵精明

2. 品读文字，回答问题。

"我们只有九张狐皮啊，现在为何成了十张呢？"

……

当人们想到应当赶快拉起吊桥时，列那已经逃得很远了，它非常满足地笑着，它为自己戏弄了整队的猎人而感到自豪。

（1）列那利用什么计谋躲过了众人的搜捕？

（2）从故事中可以发现，列那具有怎样的性格特征？对你有什么启示？

阅读"列那的'死'"，大家想一想，狡猾机智的列那会不会死？展开想象，续写列那狐的结局。

他人之长：

我的收获：

观看两段关于列那狐的视频片段，分别写下你受到的启发。（记得上传你的答案哦！）

《身边的科学》阅读规划

SHENBIANDEKEXUE

1 《身边的科学》整体悦读

● 学习重点

借助"五看"法，引导学生整体感知本书的主要内容。

● 以文育人

激发热爱科学的兴趣，明白身边处处有科学的道理。

2 《身边的科学》专题速读

● 学习重点

了解食品的主要制作步骤，学习食品制作的相关科学知识。

● 以文育人

体会食品的来之不易。

3 《身边的科学》定向精读

● 学习重点

感知科学技术与人类生活的关系。

● 以文育人

理解生活离不开科学的内涵，学会观察生活中的物品。

1 《身边的科学》整体悦读

朗读

画鸟儿

［法国］普雷维尔

先画一个打开的鸟笼

等鸟儿一进来

就用画笔把笼门关上

然后用橡皮把笼栅

一根一根统统擦去

小心别碰到鸟儿任何一根羽毛

然后画上树林

画上明媚的春光

这时再为鸟儿选择一条最美的树枝

当鸟儿飞上枝头

《身边的科学》阅读规划

无忧无虑地唱歌

画就算成功了

（韦苇　译）

——《日有所诵　小学五年级》（广西师范大学出版社2017年版）

1. 仔细观察封面，你从封面上看到了什么？

2. 认真看封底，找出本书的特点。

3. 默读卷首语，你从中了解到了什么？

4. 快速浏览目录，本书分为两部分，请分别归纳总结其主要内容。

1. 在观看视频的过程中，你有哪些疑问？将你的疑问记录下来。

2. 默读酱油酿造的过程，回答下列问题：

（1）酿造酱油的原料是什么？请概括酿造酱油的步骤。

原料：

步骤：

（2）想要酿造出美味的酱油还需要加入什么秘密武器？酱油的酿造一般需要多长时间？

品读

1. 速读杯装方便面的生产流程，找出生产杯装方便面的步骤。

2. 杯装方便面是谁发明的？杯碗里的秘密是什么？

3. 品尝杯装方便面后,说一说科学对生活产生的影响。

将品尝杯装方便面的过程与感受写下来吧!

要求:

1. 观察泡面的过程,将面的变化及味道记录下来;

2. 写出自己的心理活动;

3. 多角度进行描写,不少于150字。

他人之长:

我的收获：

_____

_____

_____

第1天：

阅读第10—26页，冰激凌都有哪些种类？牛奶可以分为哪些种类？（记得上传你的答案哦！）

第2天：

阅读第30—44页，和爸爸、妈妈一起动手制作酸甜可口的番茄酱吧！（记得上传你制作的番茄酱照片哦！）

第3天：

阅读第48—64页，将美味果酱的制作过程讲给父母听，在大人协助下录制一个小视频。（记得上传你的视频哦！）

第4天：

阅读第66—86页，找出制作口香糖的原料，了解咀嚼口香糖的好处。（记得上传你的答案哦！）

第5天：

阅读第90—108页，用五句话概括薯片的制作过程。（记得上传你的答案哦！）

❷《身边的科学》专题速读

🔊 书声朗朗 朗读

雪人

大雪之后,庭中积雪数寸。群儿偕来,堆雪作人形,目张,口闭,肢体臃肿,趺坐如僧。有顷,日出雪融。雪人亦消瘦,渐化为水矣。

——《共和国教科书新国文(初小)》(天津古籍出版社2013年版)

读一读薯条和薯片的制作方法，回答下列问题。

1. 找一找制作薯条和薯片选用的土豆类型。

2. 简单概括制作步骤。

3. 默读第 105 页的小专栏，说一说薯片是怎么诞生的。

1. 在观看视频的过程中，你有哪些发现或疑问？将你的发现或疑问记录下来。

2. 默读盒装牛奶生产过程，看一看奶牛的主食是什么，生乳汁变成盒装牛奶需要哪几步？

3. 将盒装牛奶生产过程的思维导图补充完整。

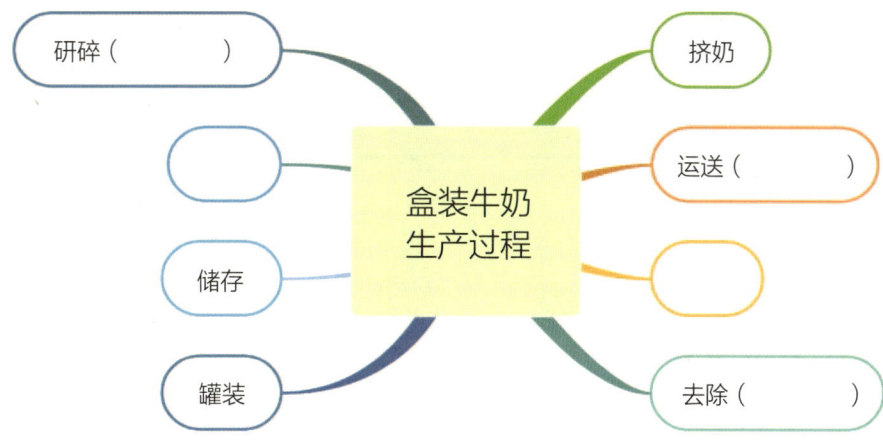

 品读

1. 概括生产瓶装果汁的步骤，找出鲜榨果汁和浓缩还原果汁生产步骤的不同之处。

步骤：_____

_____

不同之处：_____

_____

2. 默读第55页的小专栏，将浓缩果汁的优点写下来。

_____

_____

3. 品尝自己动手制作的果汁，感受和瓶装果汁的不同，谈谈你的感受。

 创读

记录自己喜欢的食品的制作过程。（小提示：将制作的注意事项写清楚。）

原料：

制作步骤：

注意事项：

鉴读

他人之长：

我的收获：

_____

_____

_____

第1天：

阅读第116—128页，选择一种家用物品，将其制作过程讲给家人听。（记得上传你的答案哦！）

第2天：

阅读第132—142页，为什么橡皮能擦除铅笔的字迹？请录一个小视频讲解一下！（记得上传你的视频哦！）

第3天：

阅读第146—156页，和家人一起动手制作浆糊吧！（别忘了将你制作的浆糊拍照上传哦！）

第4天：

阅读第160—172页，用五句话概括一下牙刷的生产过程。（记得上传你的答案哦！）

第5天：

阅读第178—190页，找一找身边有哪些常见的塑料制品，搜集资料，了解它们的生产过程。（记得上传你搜集的资料哦！）

3 《身边的科学》定向精读

纸船

[印度]泰戈尔

我每天把纸船一个个放在急流的溪中。

我用大黑字写我的名字和我住的村名在纸船上。

我希望住在异地的人会得到这纸船,知道我是谁。

我把园中长的秀利花载在我的小船上,希望这些黎明开的花能在夜里被平平安安地带到岸上。

我投我的纸船到水里,仰望天空,看见小朵的云正张着满鼓着风的白帆。

我不知道天上有我的什么游伴把这些船放下来同我的船比赛!

夜来了,我的脸埋在手臂里,梦见我的纸船在子夜的星光下缓缓地浮泛前去。

睡仙坐在船里,带着满载着梦的篮子。

(郑振铎 译)

《身边的科学》阅读规划

——《日有所诵 小学五年级》（广西师范大学出版社2017年版）

1. 浏览牙刷的生产过程，回答下列问题。

（1）在牙刷发明之前，人们是如何清洁牙齿的？

___

（2）牙刷的发明者是谁？早期的牙刷是由什么做成的？

___

2. 读一读牙刷的生产过程，将思维导图补充完整。

1. 读一读第116页，说一说铅笔笔杆上的字母H、B分别代表什么含义。

___

2. 默读第118页和第119页的小专栏，找出彩色铅笔和普通铅笔的区别。

___

3. 快速浏览铅笔的生产过程，用四句话进行概括。

_____

_____

4. 浏览塑胶橡皮的诞生，将橡皮的生产过程绘制成思维导图。

1. 默读肥皂的生产流程，找出制作肥皂的原料，简单概括制作肥皂的步骤。

原料：_____

步骤：_____

_____

2. 快速浏览制作肥皂的第一步：制作肥皂皂基，将流程图补充完整。

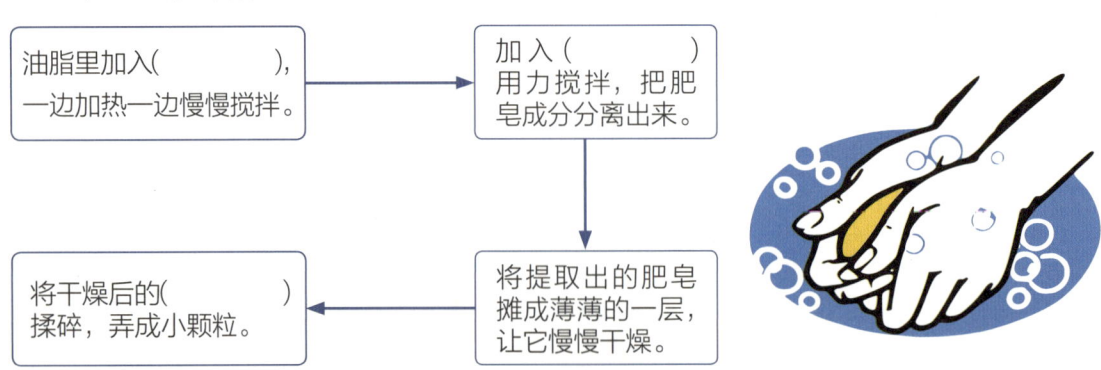

3. 读一读第144页的小专栏，了解肥皂的起源并谈谈你的感受。

写读联动 创读

展开大胆创想，将你想要发明创造的东西写下来。（写出小发明所需要的原材料、生产过程以及它的用途。）

书韵悠长 鉴读

他人之长：

我的收获：

第1天：

将你最感兴趣的食品或物品的生产过程讲给父母听，并录制小视频。（记得上传你的视频哦！）

第2天：

查找相关资料，了解生活中还有哪些物品是偶然发明的，感受身边的科学。（记得上传你查找的资料哦！）

图书在版编目（CIP）数据

水悦读　阅名著.高级.上册.湖 / 巩向良主编. —— 青岛：中国海洋大学出版社，2021.8
ISBN 978-7-5670-2875-3

Ⅰ.①水… Ⅱ.①巩… Ⅲ.①阅读课—小学—教学参考资料 Ⅳ.①G624.233

中国版本图书馆CIP数据核字(2021)第167317号

SHUIYUEDU YUEMINGZHU GAOJISHANGCE HU

出版发行	中国海洋大学出版社
社　　址	青岛市香港东路23号　邮政编码　266071
出 版 人	杨立敏
网　　址	http://pub.ouc.edu.cn
订购电话	0532-82032573（传真）
责任编辑	董　超
照　　排	青岛光合时代文化传媒有限公司
印　　制	青岛北琪精密制造有限公司
版　　次	2021年8月第1版
印　　次	2021年8月第1次印刷
成品尺寸	185 mm × 260 mm
印　　张	6.5
印　　数	1—10000
字　　数	38千
定　　价	120.00元（全两册）

如发现印装质量问题，请致电13864837986，由印刷厂负责调换。

水悦读
阅名著

（高级上册）

巩向良 / 主编

中国海洋大学出版社
·青岛·

编委会

主　编：巩向良

编　委：刘玉璠　郑卫璐　张佘伊凡

　　　　王　艳　郝亚筱　于慧敏

　　　　臧小萌　胡艳艳　潘志燕

编写说明

本书所选篇目，均为古今中外经典，突出文学性的同时，涉及哲学、艺术、科技诸多方面。

"四阶五维七步"是本书的核心教学法。

四阶

本着"把厚书读薄，再把薄书读厚"的原则，我们设计了"整体悦读、专题速读、定向精读、体悟展读"四个阶段，循序渐进地引导小读者进行整本书的浸润式阶梯阅读。

五维

古今中外的经典名著，历经时间的浸润与淘洗，承载着人类优秀的品质与智慧——纯净、友善、包容、进取……教学中，我们借助经典阅读，从"听、说、读、写、思"五个维度，全方位地培养广大小读者的综合素养。

七步

第一步，诵读。 一年级，诵读"情景识字"文段，目的是让小读者尽快扔掉拼音的"拐杖"，开始纯文字阅读；二年级开始，诵读民国老课本中的经典文段以及中外精美的现代诗文，目的是让小读者充分感受汉语之美，畅享读书之乐。

第二步，速读。 学会一目十行地读、连滚带爬地看、走马观花地翻，学会如何整体感知文本，这是在茫茫书海中尽情遨游的基础。

第三步，研读。 阅读是一种自主性很强的学习活动，遇到喜欢的章节，要学会停下脚步慢慢欣赏、细细研究，唯其如此，方能真切感受到读书的乐趣。

第四步，品读。读经典，就是和高尚的人进行对话、交流。只有静心品味，才能和古今圣贤（作者）达成心灵的沟通、情感的共鸣、认知的协同，才能充分吸收人类文明的智慧和能量。

第五步，创读。阅读不仅仅是为了增长知识，更重要的是学以致用、推陈出新。活学活用是阅读的最高境界。

第六步，鉴读。通过归纳总结促进阅读，提升读书质量，提高鉴别能力；揽镜自照，查漏补缺，更能充分地认识自我。

第七步，自读。安排自主阅读，一方面切实保障了整本书的真阅读、实阅读、全阅读；另一方面，加强了阅读的互动，从而最终实现经典明智、文化塑身的完整教育。

前言

水悦名著　畅达幸福

上善若水。"水悦读"以"为儿童全生活着想"为理念,结合线上、线下阅读活动,陪伴你们开展浸润式完整阅读——掬经典之水,净化身心;引经典之水,涵养心智;借经典之水,扬帆远航。

细雨湿衣看不见,闲花落地听无声。在"水悦读"陪伴的书香岁月里,你们将深深体味到文字的甘甜、情感的柔软、智慧的芬芳。白天读过的儿童故事、漫游的童话城堡,会让纯真的你们在夜晚的梦中笑出声;渐渐懂事的你们,会慢慢明白寓言故事中的话中话、弦外音,会真切感受到古今中外神话故事的奇幻与宏大,会把思维的触角伸向神秘的自然科学世界;渐渐长大的你们,浏览过民间故事的奇人奇事,知晓了中国古典小说的博大精深,翻阅完一本又一本真切感人的成长小说,最后迷上了文学……阅读的旅程如泉如溪,如河如湖,如江如海,妙不可言!

在你们心中种下读书的种子,是"水悦读"的使命;做你们整本书阅读的陪伴者、引导者,是"水悦读"的责任;让你们拥有书香生活、幸福人生,是"水悦读"的梦想。

引领你们读好书、好读书,不仅是要培养听、说、读、写、思的能力,更重要的是助力你们成为阳光、知性、自信的中华好人。

亲爱的孩子们,你们最终会明白,阅读是一种学习方式,是一种学习习惯,更是一种高品质的生活方式。

"水悦读　阅名著"编委会
2021 年 6 月 1 日

目录 MULU

《假如给我三天光明》阅读规划
1. 《假如给我三天光明》整体悦读 …………… 002
2. 《假如给我三天光明》专题速读 …………… 007

《草房子》阅读规划
1. 《草房子》整体悦读 ………………………… 014
2. 《草房子》专题速读 ………………………… 019
3. 《草房子》定向精读 ………………………… 025
4. 《草房子》体悟展读 ………………………… 029

《童年》阅读规划
1. 《童年》整体悦读 …………………………… 036
2. 《童年》专题速读 …………………………… 041
3. 《童年》定向精读 …………………………… 047

《小兵张嘎》阅读规划

1. 《小兵张嘎》整体悦读 ················· 054

2. 《小兵张嘎》专题速读 ················· 059

《小王子》阅读规划

1. 《小王子》整体悦读 ···················· 066

2. 《小王子》专题速读 ···················· 070

《城南旧事》阅读规划

1. 《城南旧事》整体悦读 ················· 076

2. 《城南旧事》专题速读 ················· 082

3. 《城南旧事》定向精读 ················· 087

《假如给我三天光明》阅读规划

1 《假如给我三天光明》整体悦读

● **学习重点**

赏析本书的语言特点和心理描写。

● **以文育人**

热爱生活，积极面对困难。

2 《假如给我三天光明》专题速读

● **学习重点**

尝试对自然、社会和生命有自己的思考。

● **以文育人**

珍爱生命，珍惜每一天。

1 《假如给我三天光明》整体悦读

孔子

孔子，字仲尼。博学多能，诲人不倦，有弟子三千余人。时世乱，孔子为鲁相，三月而国大治。鲁不能信用。孔子去之。周游列国，凡十四年，不得行其志。乃归鲁著书，以教后世，至今称为圣人。

——《共和国教科书新国文（初小）》（天津古籍出版社2013年版）

1. 作者名片。

作　者：＿＿＿＿＿＿＿＿＿＿＿＿＿＿＿＿

国　籍：＿＿＿＿＿＿＿＿＿＿＿＿＿＿＿＿

代表作：＿＿＿＿＿＿＿＿＿＿＿＿＿＿＿＿

荣　誉：＿＿＿＿＿＿＿＿＿＿＿＿＿＿＿＿

2. 请在延伸阅读中摘录两句你喜欢的名言。

1. 默读以下文字，回答问题。

很多时候，我会沉湎在那个花园中，漫步着走过每一个地方，直到来到一条美丽的青藤前，它的叶子和花朵使我识别出，这就是爬满了花园尽头那座破败的凉亭的青藤。这是多么的快乐啊！这里还有蜿蜒的铁线莲，垂悬的素馨，以及稀有的蝴蝶百合，它们娇嫩的花瓣就像蝴蝶的翅膀。但是最美丽的还是蔷薇花，我在北方的温室中从来没有找到过像攀援蔷薇这样给人以心灵满足的花。这些蔷薇花从我们的门廊上垂下，像花彩一般，它们使空气中充满了清香，那种清香是未被任何尘世的气味所沾染的香。它们在清晨露水浸润后摸上去是这样柔软、这样纯洁，使我禁不住想，它们会不会就是上帝花园里的常春花。

（1）海伦是如何感知到这些花朵的？

（2）这段文字写了哪些花？这些花分别有什么特点？

（3）简要分析这段文字的语言特点。

2. 默读以下文字，边读边想象画面；并找出文中描写的景物，感受作者当时的心情。

我也喜欢果园，在那儿，7月初水果就成熟了。毛草草的大桃子自己就会垂到我的手中。当快乐的轻风吹过果树林时，苹果会滚落到我的脚旁。我把果子拾到围裙里，把脸紧挨在光滑的苹果上，体味着上面太阳的余温，然后就高高兴兴、蹦蹦跳跳地回家去！那种感觉是多么美妙啊！

文中描写了＿＿＿＿＿＿＿＿＿＿（时间、地点）的景色，分别写了＿＿＿＿＿＿＿＿＿＿＿＿＿＿＿＿＿，表达了作者＿＿＿＿＿＿＿＿＿＿的心情。

品味书香 品读

1. 精读以下文字，谈谈体会。

井房的经历使我求知的欲望陡然增加，我开始怀着渴望学习的心情去认识这个世界。原来所有的东西都有名字，每一个名字都能启发我新的思想。在回家的路上，我开始以充满新奇的眼光对待每一样东西。回到房间，我想起了被我摔碎的娃娃，摸索着来到壁炉前，把碎片拾了起来。我拼命地想把碎片拼起来，可是却怎么也拼不好。这时我的眼睛充满了泪水，我意识到自己干了些什么，我生平第一次感觉到了悔恨和悲伤。

我的体会：＿＿＿＿＿＿＿＿＿＿＿＿＿＿＿＿＿＿＿＿＿＿＿＿＿＿＿

2. 优美语言，我来体会。

（1）原文：＿＿＿＿＿＿＿＿＿＿＿＿＿＿＿＿＿＿＿＿＿＿＿＿＿＿＿

我的体会：＿＿＿＿＿＿＿＿＿＿＿＿＿＿＿＿＿＿＿＿＿＿＿＿＿＿＿

（2）原文：_____

_____

_____

我的体会：_____

_____

本书语言优美、感情真挚，值得细细品味其深意。理解句子含义的方法有很多，比如联系上下文、结合写作手法、抓关键词。选择合适的方法，理解以下句子的含义，并谈谈你受到的启发。

1.一路上，父亲很难过，而且是疑虑重重，我则全然没有察觉，只是感觉不断换地方，到处旅行，好玩极了。

含义：_____

_____

启发：_____

_____

2.世界是美好的，一切都有着自己的奇妙之处，即使是黑暗和死寂也是如此，我学会了无论处于什么样的环境，都要不断努力，都要学会满足。

含义：_____

_____

启发：_____

_____

他人之长：

_____

_____

我的收获：

_____

_____

第1天：

回顾第1—3章，找出三处你喜欢的文字，有感情地朗读，边读边品味语言美。（记得上传你的音频哦！）

第2天：

通读"学会珍惜"，摘录文中优美的语言，读一读并抄写在读书卡上。（记得上传你的读书卡哦！）

第3天：

品读"第一天"，思考海伦第一天为什么要看人，这体现了她怎样的情感。（记得上传你的答案哦。）

第4天：

细读"第二天"，思考：博物馆、剧院对海伦来说，代表着什么？想一想，写下来。（记得上传你的想法哦！）

第5天：

通读"第三天"，假如你只有三天可以看见光明，你会用这三天做什么？思考一下，写一写。（200字以上，记得上传你的作品哦！）

2 《假如给我三天光明》专题速读

朗读

希望是一只小鸟

[美国] 狄金森

希望是一只小鸟,
在心灵的深处安家。
唱着一支无言的歌,
一刻不停地叫喳喳。

在狂风中这声音最美妙,
点燃多少人心中的火。
哪怕是最险恶的风暴,
也难以使这只小鸟畏缩。

它伴我走遍天涯海角,
用亲切的歌声暖人心房。

即使在危难的时刻，

也从不乞求一粒粮。

（张瑜　译）

——《日有所诵 小学六年级》（广西师范大学出版社 2017 年版）

悦读导航 速读

1.通读"学会珍惜"，回答问题。

（1）作者所说的"珍惜"，指的是_____。

（2）默读下面的文字，说说你的感受。

有时候，我的心在哭泣，因强烈的渴望能够看见这一切。如果我仅仅凭借触摸就能够得到这么多的快乐，那么凭借视觉将会有多少美展现出来啊！

_____

_____

2.读"第一天""第二天""第三天"，回答问题。

（1）作者是如何安排这三天的行程的？请将以下表格补充完整。

	白天	晚上
第一天		
第二天		
第三天		

（2）深入思考：这三天的安排有怎样的逻辑顺序？

_____

（3）作者的写作特点是_____，

这体现了作者_____的精神境界。

1. 默读以下文字，回答问题。

在林中郊游后回家的路上，我要走在农庄附近的小路上，这样就能够看见在田里犁地的马（也许我只能看见拖拉机），看看紧靠着土地过活的悠然自得的人们，我将为光艳动人的落日奇景而祈祷。

（1）品味文字，发挥想象，你眼前仿佛出现了怎样的场景？

（2）作者明明看不见，但是描述的场景简直和亲眼所见一样。这是为什么呢？说说你的理解。

2. 默读以下文字，谈谈你的理解和感受。

我沿着第五大道漫步，悠然地环顾四周，眼光并不投向某一特殊目标，这样我看见的就不是什么特别的东西，而是川流不息的五光十色的万花筒。我确信，那些活动在人群中的妇女的服装色彩一定是一幅绝不会令我厌烦的华丽景色。不过如果我有视力的话，也许我会和多数其他女人一样——对个别服装的时髦样式感兴趣，而不会太去注意在人群中色彩的壮丽。同时我也相信，我会成为一个顽固不化的商店橱窗的浏览者，因为观赏陈列的各色各样的美丽物件对于眼睛必定是一种享受。

1. 精读以下文字，回答问题。

第一天，我要看人，要看那些以仁爱和温柔陪伴我一生的人。首先，我想长久地凝视我亲爱的老师——安妮·莎莉文·梅西夫人的面庞。当我还是个孩子的时候，她就来到了我面前，为我开启了通往外部世界的门。我不仅仅是想看她脸的轮廓，以便我能够将她珍藏在我的记忆中，而且还想研究这张脸，从中发现她出自同情心的温柔和耐心的生动迹象，她正是以此来完成教育我的艰巨任务的。我想要在她的眼睛中看到使她在困难面前坚定不移的性格力量，并且看到她那经常向我流露的、对于全人类的同情。

（1）第一天，作者首先要看的是谁？为什么？

（2）作者说"想长久地凝视"老师，能否将"凝视"替换成"观察"？为什么？这对你有什么启发？

能否置换？

为什么？

对你的启发：

2. 精读以下文字，谈谈你的理解。

我始终睁大眼睛注视幸福和悲惨的全部景象，以便能够深入调查，进一步了解人们是怎样工作和生活的。我的眼睛决不轻易放过一件小事，它争取密切关注它所看到的每一件事物。我的心里充满了人和事物的形象。有的景象是令人愉快的，使心灵充满了幸福，但是有的是可悲可怜的，令人感伤。对于后者我并不闭上眼睛，因为它们也是生活的一个部分。闭眼不看就是关闭了心扉，关闭了思想。

求学过程中，总有让你念念不忘的经历和感受，写一写。（写出真情实感，50字以上。）

他人之长：

我的收获：

第1天：

观看海伦·凯勒的纪录片或者演讲视频，设想：假如你是海伦·凯勒，你会怎么做？并说说你的感受。（记得上传你的音频哦！）

第2天：

观看舞蹈《千手观音》，了解演员背后的故事，体会她们的精神品质。想象一下，假如你只有三天可以听见声音，你会用这三天做什么？仔细想想，写下你的安排和理由。（记得上传你的答案哦！）

1 《草房子》整体悦读

● **学习重点**

整体感知小说的大概内容。

● **以文育人**

初步培养学生热爱家乡的思想情感。

2 《草房子》专题速读

● **学习重点**

通过对比，感受主要人物鲜明的个性特点。

● **以文育人**

初步领悟自尊和尊重别人的关系。

3 《草房子》定向精读

● **学习重点**

掌握"圈点式阅读法"，精读文本，感受人物的成长。

● **以文育人**

体会"在苦难中绽放出美"。

4 《草房子》体悟展读

● **学习重点**

借助对主人公人物形象的探究，感悟成长的内涵。

● **以文育人**

联系生活经历，从文学中汲取成长的力量。

1 《草房子》整体悦读

人之一生

人之一生，犹一岁之四时乎？春风和煦，草木萌动，一童子之活泼也。夏雨时行，草木畅茂，一壮年之发达也。秋冬渐寒，草木零落，则由壮而老，由老而衰矣。然冬尽春来，循环不已，人则老者不可复壮，壮者不可复少也。语曰："时乎时乎不再来。"愿我少年共识之。

——《共和国教科书新国文（初小）》（天津古籍出版社2013年版）

速读

1. 读一读书前面的内容提要，你从中了解到了什么？

2. 浏览目录，写出书中的主要人物和主要地点。

人物：

地点：

研读

精读以下文字，谈谈你的感受。

这时，似乎有点清冷的月亮，高高地悬在光溜溜的天上，衬得夜空十分空阔。雪白的月光均匀地播撒下来，照着泛着寒波的水面，雾气袅袅飘动，让人感到寂寞而神秘。月光下的村子，既像在白昼里一样清晰可辨，可一切又都只能看个轮廓：屋子的轮廓、石磨的轮、大树的轮廓、大树上乌鸦的轮廓。巷子显得更深，似乎没有尽头。这是个大村子，有十多条深巷，而巷子与巷子之间还有曲曲折折的小巷。在这样的月色下，整个村子就像个大迷宫了。

1. 这段文字描写了哪里的景色？

2. 读完这段文字，你有什么感受？

 品读

从书中选出最能打动你的环境描写片段摘录下来,再写一写这些描写打动你的原因。

示例:

摘录:雨根本没有停息的意思。天空低垂,仿佛最后一颗太阳已经永远地飘逝,从此,天地间将陷入绵延无穷的黑暗。雨大时,仿佛天河漏底,厚厚实实的雨幕,遮挡住了一切:树木、村庄……就只剩下了这厚不见底的雨幕。若是风起,这雨飘飘洒洒,犹如巨瀑。

原因:此处文字连用多个比喻,将南方的大雨写出了别致:不是倾盆,不是滂沱,而是天河倾泻,犹如巨瀑!

摘录:

原因:

 创读

乡野风貌、城市风光,总有一处优美的景色让你念念不忘,试着写几句吧,注意写出景物的特点。(150字左右)

他人之长：

我的收获：

第1天：

速读第1章，找出描写风景的句子，并正确、流利、有感情地朗读。（记得上传你的音频哦！）

第2天：

通读第2章，找出三处心理描写，先用波浪线画出来，再拍成照片。（记得上传你的照片哦！）

第3天：

对比阅读第1章和第6章，说一说秃鹤和细马身上的哪些品质值得我们学习。（记得上传你的答案哦！）

第4天：

细读第5章，如果你是杜小康的同学，你会喜欢杜小康吗？为什么？（记得上传你的想法哦！）

第5天：

通读全书，找出书中描写桑桑的部分并读一读，给爸爸妈妈讲讲发生在桑桑身上的故事。（记得上传你的音频哦！）

2 《草房子》专题速读

 朗读

我要把自己寄给你

[美国] 格思里

我要把自己包在纸里，
再用胶水涂遍我的身体，
头上还要多贴些邮票，
我要把自己——寄给你！

扎上红红的绳子，
系上蓝蓝的缎带，
爬进我那小小的信箱，
我要把自己寄给你。

你打开信箱一看——发现我在那里，
立刻剪断绳子先让我喘口气，

把我手上的胶水洗掉，

还在我嘴里塞上几块泡泡糖，

啊——真是甜如蜜！

你把我从纸筒里拖出来，

又把我贴满邮票的脑袋洗了又洗。

给我满满倒了一杯冰激凌苏打水，

最后把我放进温暖的被窝里。

我要把自己包在纸里，

再用胶水涂遍我的身体。

头上还要多贴些邮票，

我要把自己——寄给你！

（李晓林　译）

——《日有所诵 小学六年级》（广西师范大学出版社 2017 年版）

1.精读以下文字，品味人物形象。

秃鹤的秃，是很地道的。他用长长的好看的脖子，支撑起那么一颗光溜溜的脑袋。这颗脑袋绝无一丝疤痕，光滑得竟然那么均匀。阳光下，这颗脑袋像打了蜡一般亮，让他的同学们无端地想起，夜里它也会亮的。由于秃成这样，孩子们就会常常出神地去看，并会在心里生出要用手指头蘸一点唾沫去轻轻摩挲它一下的欲望。

（1）这段文字是对秃鹤的_____描写。

（2）仿照这段话，用几句话写一写自己的长相。

_____

_____

_____

2. 秃鹤做了什么事得罪了老师和同学？这体现了他是一个什么样的孩子？

_____

_____

3. 读一读描写秃鹤排练的段落，回答问题。

秃鹤要把戏演得更好。他把这个角色要用的服装与道具全都带回家中。晚上，他把自己打扮成那个伪军连长，到院子里，借着月光，反反复复地练着：

小姑娘，快快长，

长大了，跟连长，

有得吃有得穿，还有花不完的现大洋……

他将大盖帽提在手里，露着光头，就当纸月在场，驴拉磨似的旋转着，数着板。那个连长出现时，是在夏日。秃鹤就是按夏日来打扮自己的。但眼下却是隆冬季节，寒气侵入肌骨。秃鹤不在意这个天气，就这么不停地走，不停地做动作，额头竟然出汗了。

（1）圈出所有描写动作的词语。

（2）读了这段描写，你认为秃鹤演出成功的原因是什么？

_____

_____

_____

默读下面的文字，回答问题。

细马要买羊，要买一群羊。

但细马并不着急买。他要仔细打听价钱，仔细观察那些羊。他一定要用最低的价钱买最上等的羊。他很有耐心，这份耐心绝对是大人才有的。有几回，生意眼看就要做成了，但细马又放弃了。船主就苦笑："这个小老板，太精。"

细马居然用了十天的工夫，才将羊买下。一共五十只。只只白如秋云，绒如棉絮。船主绝对是做了出血的买卖，但他愿意。因为，他一辈子还没有见过如此精明能干的孩子。

大平原上，就有了一个真正的牧羊少年。

（1）这一段描写体现了细马怎样的性格特点？

_____

_____

（2）为什么说细马是一个"真正的"牧羊少年？

_____

_____

认真阅读第1章，先在书上画出每节的关键词，再为每个小节拟写一个小标题。

1. _____ 2. _____

3. _____ 4. _____

5. _____ 6. _____

 创读

你身边的同学、朋友都和秃鹤、细马年纪相仿,仔细观察,看看你的同学和朋友的外貌有哪些特点?用几句话写下来吧。

鉴读

他人之长:

我的收获:

开卷有益 KAIJUANYOUYI 自读

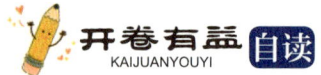

第 1 天：

细读第 2 章，用几个词语概括纸月的性格特点。（记得上传你的答案哦！）

第 2 天：

结合第 3 章和第 7 章，谈谈你对白雀故事结局的看法，录制成一段音频。（记得上传你的音频哦！）

第 3 天：

通读第 2 章和第 9 章，给你的家人讲一讲桑桑和纸月之间的故事，录成一段小视频。（记得上传你的视频哦！）

第 4 天：

精读第 4 章，说一说这一章的主人公是谁？她和书中的其他人物有什么关系？（记得上传你的音频哦！）

第 5 天：

结合第 5 章和第 8 章，设想如果你是杜小康，在遇到家庭变故时，你会怎么做？（记得上传你的想法哦！）

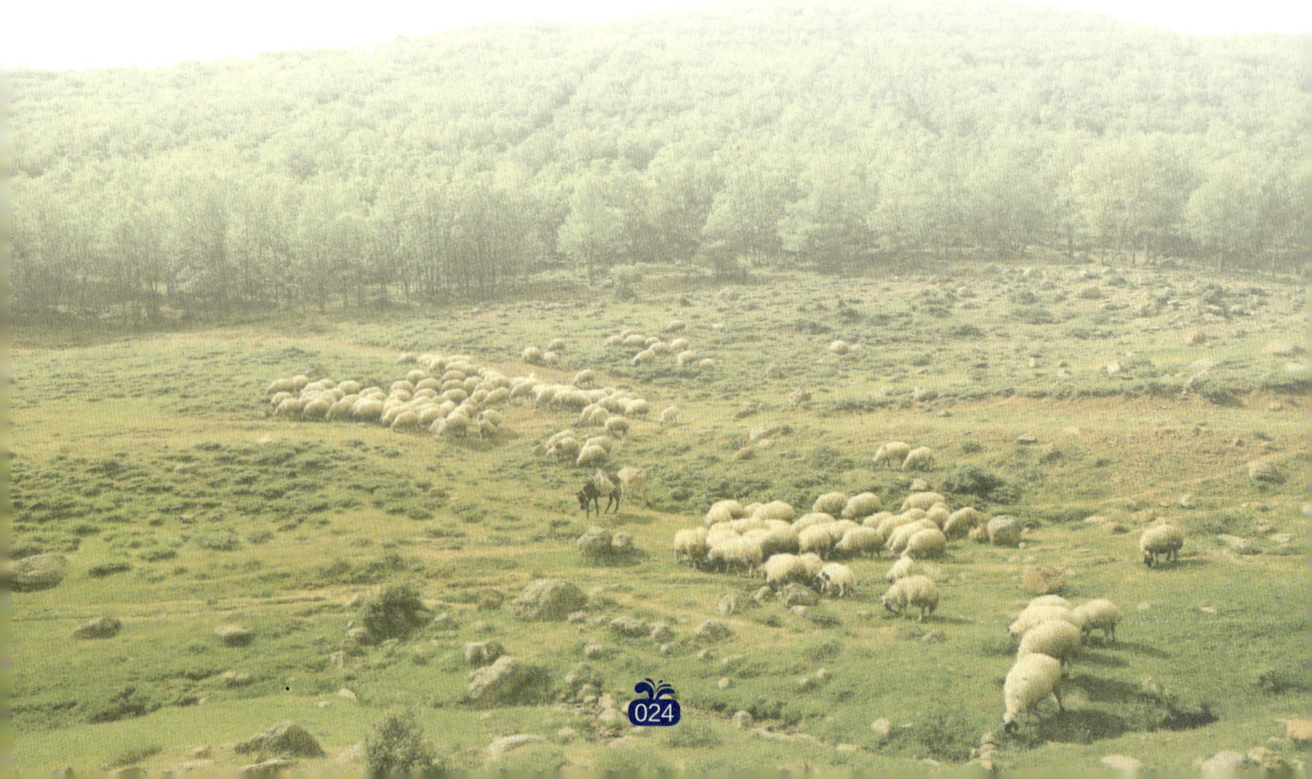

3 《草房子》定向精读

雨

地面之水,为日光所蒸,化汽上升,聚而为云。云遇冷,凝为水点,滴沥下降,是为雨。

不见夫釜中沸水乎?水热化汽而上腾,此成云之理也。汽冷则聚为水点,此成雨之理也。

——《共和国教科书新国文(初小)》(天津古籍出版社2013年版)

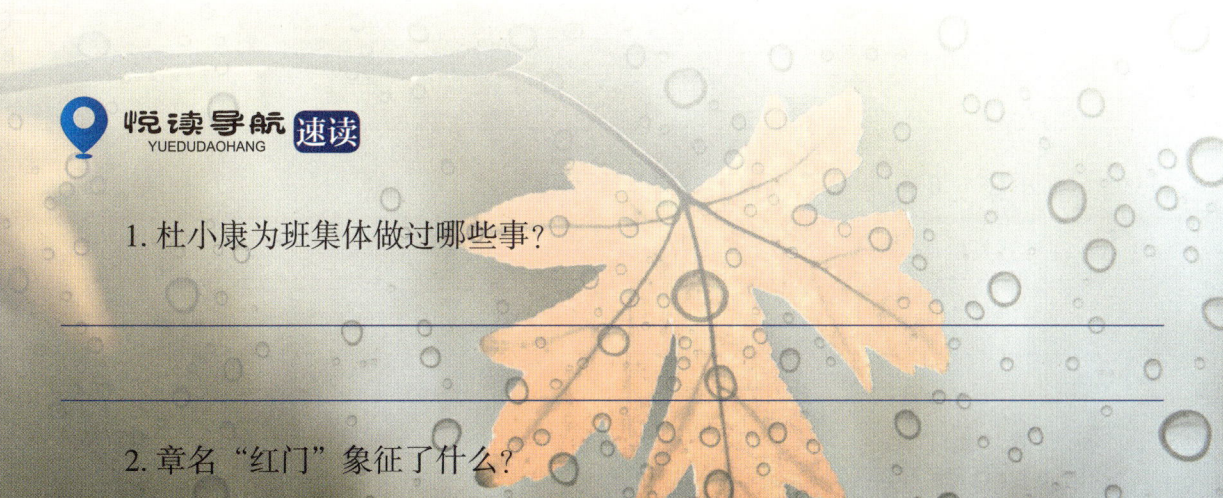

1. 杜小康为班集体做过哪些事?

2. 章名"红门"象征了什么?

对比阅读，回答问题。

片段一：

杜小康个头长得很高，比其他同龄的孩子高出一头多，但并不胖，脸色红润，很健康，是一个女孩子的脸色。杜小康生在长在油麻地，但杜小康是油麻地的一个例外。杜小康往油麻地孩子群里一站，就能很清楚地与油麻地的孩子们区别开来，像一簸箕黑芝麻中的一粒富有光泽的白芝麻。

片段二：

走在后面的杜小康，好像又长高了。裤管显得很短，膝盖和屁股，都有洞或裂口，衣服上缺了许多纽扣，袖口破了，飘着布条。头发很长，与杜雍和的头发一样枯干，却黑得发乌，脖子已多日不洗，黑糊糊的。面容清瘦，但一双眼睛却出奇的亮，并透出一种油麻地的任何一个孩子都不可能有的早熟。他双手抱着一只小小的柳篮，小心翼翼地，仿佛那只篮里装了什么脆弱而又贵重的东西。

1. 在片段一中，杜小康与众不同的原因是什么？

2. 从片段一到片段二，杜小康发生了哪些变化？

3. 杜小康变化的原因是什么？

分别概括第5章1—5部分的主要内容。

第 1 部分：_____

第 2 部分：_____

第 3 部分：_____

第 4 部分：_____

第 5 部分：_____

写读联动 创读

假如有一天，你因起晚导致上学快要迟到了。在上学的路上，你会想些什么？或者，你得到了老师的表扬，在回家的路上，你会想些什么？打算怎样告知家长？用几句话分别写一写。

_____
_____
_____
_____
_____

书韵悠长 鉴读

他人之长：

_____
_____
_____

我的收获：

第1天：

速读第3章和第7章，说一说蒋一轮是一个什么样的老师。（记得上传你的音频哦！）

第2天：

杜小康在养鸭时的表现非常优秀，演一演杜小康当时的神态和动作，并录成小视频。（记得上传你的视频哦！）

第3天：

读了细马的故事，你想对他说什么？说说你的看法并录成音频。（记得上传你的音频哦！）

第4天：

《草房子》的故事发生在江苏盐城的农村，上网搜索相关图片，感受当地的水乡特色。（记得上传你搜到的图片哦！）

第5天：

你的童年有哪些难忘的故事？用几句话描述一下。（记得上传你的大作哦！）

4 《草房子》体悟展读

🔊 书声朗朗 朗读

跌倒

（中国台湾）牧也

风，跌倒了

才有了美丽的落叶

云，跌倒了

才有了滋润大地的雨水

太阳，跌倒了

才有了静谧的

夜晚

所以

让我们不再害怕跌倒

让我们在跌倒时

用最美丽的姿势

站起来
——《日有所诵 小学六年级》（广西师范大学出版社2017年版）

悦读导航 速读

1. 第1章第2节记录了桑桑做的哪三件事？

（1）_____

（2）_____

（3）_____

2. 通过这三件事，你认为桑桑是个怎样的孩子？

_____

_____

书海泛舟 研读

1. 和第1章相比，第2章中的桑桑发生了什么变化？

_____

_____

2. 桑桑在保护纸月时的哪些表现给你留下了深刻的印象，摘录这部分内容，写一写你的感受。

示例：

他心里战栗地叫喊着："你们来吧！你们来吧！"两条细腿却如寒风中的枝条，瑟瑟发抖。他甚至想先放下手中的砖头，到大树背后撒泡尿，因为他感觉到他的裤子已经有点潮湿了。

感受：在强大的对手前面，桑桑害怕、胆怯，但绝不示弱。他心中充满着正义，始终勇敢面对，这是真正的男子汉气概！

摘录：

感受：

 品读

默读下面的文字，回答问题。

那天课间，桑桑拉着阿恕要去艾地，正在一旁玩耍的秃鹤说："别去，秦大奶奶会用拐棍敲你的脑袋的。"

桑桑不信，独自一人走过去。

一年级的几个小女孩，正藏在艾丛里，朝小屋里偷偷地看。见秦大奶奶挂着拐棍走过来了，吓得一个个像兔子一样从艾地里逃窜出来，尖叫着跑散了。

秦大奶奶看了看被踩趴下的艾，用拐棍咚咚地戳着地。

只有桑桑不怕，他朝秦大奶奶走过去。当桑桑叫了一声"奶奶"，跟秦大奶奶要了一根艾再走回来时，那几个小女孩就很佩服，觉得他真勇敢。桑桑很纳闷：有什么好怕的呢？

1. 面对秦大奶奶的时候，其他孩子的心情是_____，桑桑的心情是_____。这种写法叫作_____。

2.秦大奶奶为什么会区别对待桑桑和其他孩子？

3.通过这段描写，可以看出桑桑有着怎样的性格？

父爱如山，生活中总有一些和父亲相处的时刻让人难忘。想一想，关于爸爸，你最难忘的事是什么？当时爸爸说了什么？做了什么？用几句话写一写。

他人之长：

我的收获：

开卷有益 KAIJUANYOUYI 自读

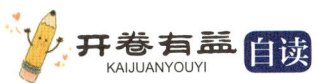

第 1 天：

桑桑小学毕业后离开了油麻地，他在离开的时候会想些什么？用几句话写一写。（记得上传你的答案哦！）

第 2 天：

观看电影《草房子》，看完后把你的感想讲给爸爸妈妈听，并录成小视频。（记得上传你的视频哦！）

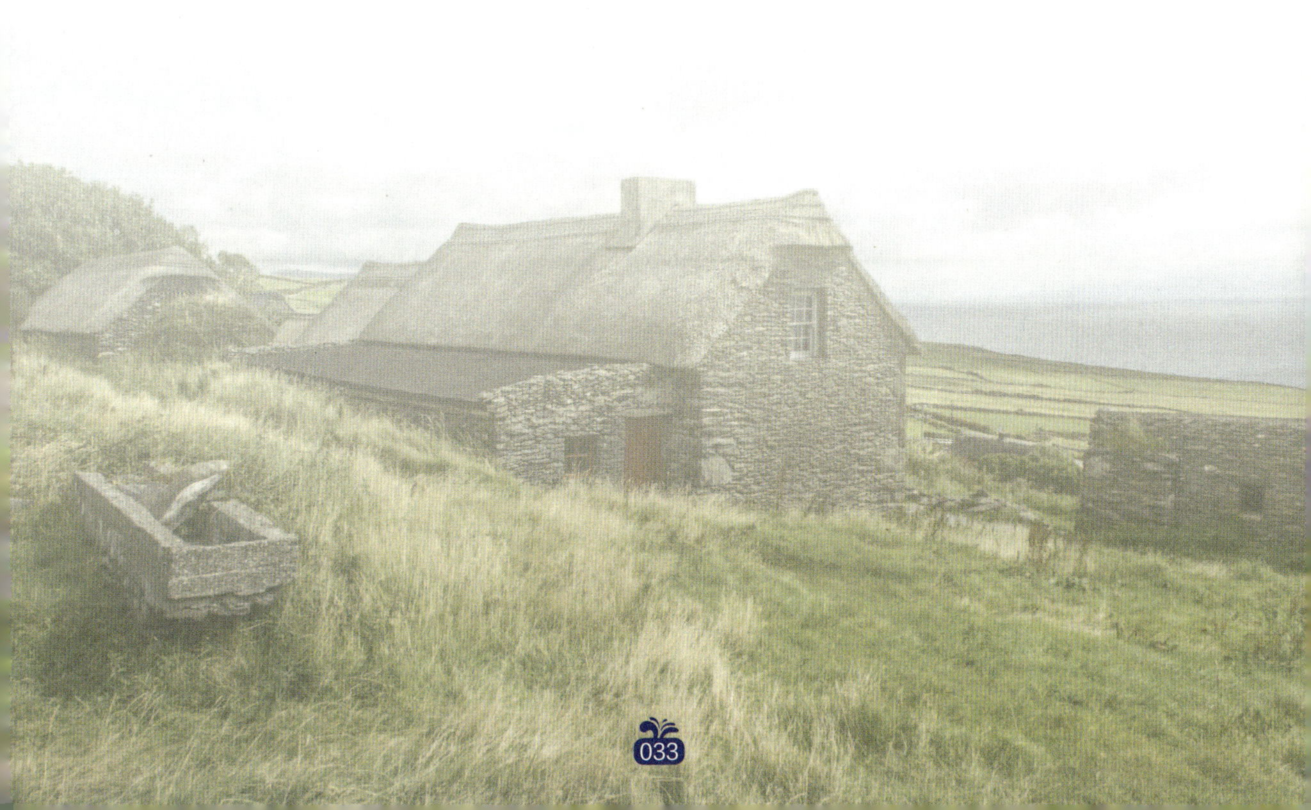

1 《童年》整体悦读

● **学习重点**

把握小说的主要内容。

● **以文育人**

学会直面苦难,坚强乐观。

2 《童年》专题速读

● **学习重点**

初步感知主人公的形象特点。

● **以文育人**

理解人性的善良。

3 《童年》定向精读

● **学习重点**

结合具体事件,赏析故事情节。

● **以文育人**

珍惜童年,热爱生活。

1 《童年》整体悦读

朗读

水

地面之水，大者曰洋，其次曰海。海水弯入陆地，可以泊舟者，曰海湾，亦曰港。大陆之上，有低地潴水者，曰湖，曰泊，其小者曰池。

流通地面之水为江河。在山间者，为溪涧。其自高处倾泻而下，遥望之，如悬空之布，是为瀑布。

——《共和国教科书新国文（初小）》（天津古籍出版社2013年版）

1. 了解作者。

（1）作者：_____

（2）代表作：_____

2. 本书的体裁：_____

书海泛舟 研读

1. 前往尼日尼。

（1）阿廖沙前往尼日尼的原因是_____。

（2）阿廖沙在前往尼日尼的途中，经历了_____。

（3）阿廖沙是如何评价外祖母的？用原文回答。

_____

2. 我的朋友。

（1）阿廖沙认识了哪些朋友？

_____

（2）阿廖沙在外祖父家的生活如何？

_____

3. 我的父亲母亲。

说一说，阿廖沙母亲的人生轨迹。

1. 精读以下文字，品味人物形象。

外祖母讲话时，总是用那么一种特别悦耳的话语，以至它们在我的脑海中留下深刻的印象，像温馨、鲜艳、永不凋谢的花。当她微笑时，她那双迷人的黑眼睛还是瞪得很圆，流露出一种难以言状的愉快的神情。尽管黝黑的脸上皱纹密布，但她仍显得年轻而有活力。……虽然她弯腰驼背，但是实际上，她行动敏捷得像一只大猫。

（1）这段文字使用的修辞手法是＿＿＿＿＿＿＿＿＿＿＿＿＿。

（2）体现了外祖母的＿＿＿＿＿＿＿＿＿＿＿＿＿＿＿的形象。

2. 选择两处精彩文段，品味精彩之处。

（1）原文：＿＿

这段文字运用＿＿＿＿＿＿＿＿＿＿＿＿＿＿＿＿＿（人物描写的方法），体现了＿＿＿＿＿＿＿＿＿＿＿＿＿＿＿＿的性格特点。

（2）原文：＿＿

这段文字使用＿＿＿＿＿＿＿＿＿＿＿＿＿＿＿＿＿（环境描写的方法），体现了＿＿＿＿＿＿＿＿＿＿＿＿＿＿＿＿＿＿的情感。

精读描写场景的段落,回答问题。

我沿着过道走到台阶,立刻被眼前的场面惊呆了:飞舞跳跃的火焰照花了我的眼睛,人们的叫喊声和大火的爆裂声混成了一片;外祖母的举动更是把我吓坏了:她头顶一个袋子,身上裹着马被,向大火冲去。

1. 这段话描写了什么场景?

2. 在这一描写中,哪些是"点",哪些是"面"?

3. 试着运用点面结合的手法,写一个你印象深刻的真实的场景。(字数不限)

他人之长:

我的收获：

_____

_____

_____

第1天：

速读第1章，找出描写风景的句子，并正确、流利、有感情地朗读。（记得上传你的音频哦！）

第2天：

通读第2章第4节，概括这一节的主要内容。（记得上传你的答案哦！）

第3天：

细读第3章第2节，找出运用点面结合手法描写场面的语段，并标记出"面"的内容和"点"的内容。（记得拍照上传哦！）

第4天：

品读第4章第2节，找出描写外祖母动作的片段，有感情地朗读，并选择其中一处写在读书卡上。（记得上传你的读书卡哦！）

第5天：

通读第5章第4节，找一个你印象最深的情节，谈谈自己的感受。（请家人协助拍摄视频并上传！）

2 《童年》专题速读

朗读

生活的格言

［俄罗斯］巴尔蒙特

我问自由的风,
我怎样才能年轻。
嬉戏的风儿对我说:
"像烟和风一样轻灵!"

我问广袤的海,
什么是生活最伟大的格言。
喧闹的大海对我说:
"要像我一样永远奔腾澎湃!"

我问高天的太阳,
我怎样才能发出比朝霞更明亮的光。

太阳没有回答我,

可我的灵魂却听到了它的回答:"要发光!"

(张冰　译)

——《日有所诵 小学六年级》(广西师范大学出版社 2017 年版)

1. 新家失火。

快速阅读第 5 章第 2 节和第 3 节,回答问题。

(1)阿廖沙在新家的生活如何?

(2)这部分内容体现了阿廖沙怎样的性格特点?

2. 父子大战。

快速阅读第 6 章,回答问题。

(1)两个舅舅为什么总是和外祖父争吵,甚至大打出手?

(2)这件事情对阿廖沙来说是一段怎样的回忆?

3. 外祖父母。

快速阅读第 7 章第 1 节和第 2 节,回答问题。

(1)用原文概括外祖父和外祖母的性格特点。

（2）这段文字运用了哪些人物描写的方法来描写外祖父和外祖母？

1.默读下面的文字，回答问题。

安静的大街不会吸引我，但一听到孩子们快活的喧闹声，我便无视外祖父的禁令，三步并两步地窜出院子。即使被打得鼻青脸肿，头破血流都无所谓，但是街头上疯狂而残忍的恶作剧确实令我愤慨。孩子们让狗或者公鸡互斗，折磨猫，追逐犹太人的山羊，戏弄喝醉酒的乞丐和一个绰号叫作"兜里装死人"的傻子伊戈沙，这些都叫我无法忍受。

（1）这段文字开头提到了"孩子们快活的喧闹声"，这些孩子在干什么呢？用原文回答。

（2）对孩子们的这些行为，"我"（阿廖沙）有怎样的看法？

（3）即使违背外祖父的禁令，"我"也要窜出院子，这体现了"我"怎样的性格特点？

2.默读下面的文字，回答问题。

我也开始挣钱了。每逢节假日，一大早我就拿上口袋出去捡牛骨头、破布、碎纸和钉子。平时放学后我也干这个活计，每个星期六我卖各种破烂能挣到三五十个戈比，运气好的话挣得更多。外祖母每次接过我的钱，都连忙塞进裙子口袋里，垂下眼睛，夸奖我道：

"谢谢你，好孩子！咱俩还养活不了自己吗？你干得不错！"

（1）从这段话中，你可以体会到阿廖沙怎样的心情？

（2）进一步思考，这体现了阿廖沙怎样的性格特点？

1. 精读以下文字，概括人物的性格特点。

第二天，我恳求茨冈尼克以后别再偷东西了："要是被别人逮着非打死你不可！"

"他们哪能逮住我……我像马儿一样灵活……"他笑了笑，话没说完他脸色就阴沉下来，"当然，我知道不应该去偷，风险很大。其实，我太无聊了，想偶尔解解闷。我也攒不住钱。你的两个舅舅，不用一个星期就把钱给拿走了。但是我不在乎！"

这两段文字体现了茨冈尼克_____的性格特点。

2. 性格特点，我来评价。

（1）原文：_____

体现了_____的性格特点。

（2）原文：_____

体现了_____的性格特点。

1. 根据不同目的，选择恰当的阅读方法。（连一连）

了解大意　　　　　仔细阅读或反复阅读，细读多思

梳理脉络　　　　　浏览阅读，重点关注标题、关键词句

关注细节　　　　　快速阅读，从头到尾读

2. 细读本书第 10 章第 3 节，回答问题。并想一想，你使用了什么阅读方法。

（1）在学习俄语的过程中，每次因为背错而使母亲生气后，"我"有哪些心理感受？在文中找一找。

_____

回答此问题时，我使用的阅读方法是_____。

（2）这件事体现了阿廖沙是一个怎样的孩子？

_____

回答此问题时，我使用的阅读方法是_____。

他人之长：

_____

_____

我的收获：

_____

第1天：

速读第6章第1节，找出描写环境的段落，并正确、流利、有感情地朗读。（记得上传你的音频哦！）

第2天：

通读第7章第3节，找出心理描写的语句并谈谈自己的感受。（记得上传你的答案哦！）

第3天：

细读第8章第3节，文章中几次写到我和"好事情"沉默地坐着，想想这样写的作用是什么？（记得上传你的答案哦！）

第4天：

通读第9章第2节，说一说阿廖沙是如何和三兄弟建立友谊的。（请家人协助拍摄视频并上传哦。）

第5天：

细读第11章第1节，想一想米哈伊尔舅舅家的萨沙是个怎样的孩子。（记得上传你的答案哦！）

3 《童年》定向精读

二蟆

二蟆同居小池。天久不雨，池涸，议他徙。路过一井，其一悦之，将跃入。其一曰："井水固佳，苟有他故，不适吾意，又焉能出。"故但顾目前，不图其后者，取祸之道也。

——《共和国教科书新国文（初小）》（天津古籍出版社2013年版）

1. 另一些朋友。

快速阅读第9章，回答问题。

（1）阿廖沙的新朋友都有谁？

（2）文中写了彼得大叔的哪几件事？阿廖沙对彼得大叔的态度如何？

2. 父亲和继父。

（1）快速阅读第11章第2节和第3节，概括一下，外祖母讲了父亲的哪几件事？这些事情体现了父亲是一个怎样的人？

_____
_____
_____

（2）快速阅读第12章第3节和第5节，想一想文中写了继父的哪几件事？这些事情体现了继父怎样的性格特点？

_____
_____
_____

3. 梳理人物关系。

根据示例，将人物关系图中的性格特点补充完整。

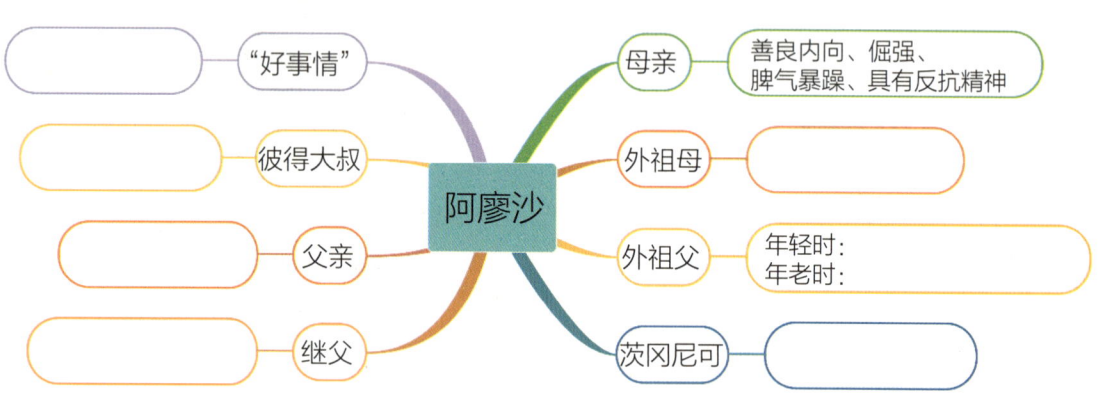

1. 残暴的外祖父。

（1）用一句话概括这幅图上发生的故事。

_____

（2）小说故事情节的基本模式是：开端—发展—高潮—结局。它们的作用分别是什么？（连一连）

开端　　　　　　深化主题，留下思考

发展　　　　　　交代背景，铺垫下文

高潮　　　　　　刻画人物、反映性格

结局　　　　　　表现冲突，揭示主题

（3）默读第2章第3节，找出这一故事情节的开端、发展、高潮和结局，并填写下列表格。

开端	
发展	
高潮	
结局	

（4）谈谈你对"外祖父暴打阿廖沙"这一故事情节的理解或体会。可以从人物形象、小说主题等方面进行分析、总结。

_____

_____

2. 父子大战。

默读第6章第2节，找出故事情节的开端、发展、高潮和结局。

开端	
发展	
高潮	
结局	

 品读

1. 精读以下文字，通过人物命运，感受小说主旨。

人群中间的茨冈尼克，他的热情似火带动了全场的气氛，只见他伸开双臂，像雄鹰展翅翱翔，舞步快如流星，那婀娜的身姿宛如金色雨燕上下翻飞；那丝质的金黄衬衣就像炽热的火苗燃烧起来，颤动的火焰照亮了整个房间。茨冈尼克在忘情地舞蹈，他似乎推开了房门，来到了大街，穿过了一个又一个村庄或城市……超越了我们现实的世界。

（1）回顾第3章，用简洁的语言概述茨冈尼克的命运。

（2）回想茨冈尼克的性格特点，联系他的命运，思考作者试图通过这个人物表达怎样的情感？谈谈你的理解。

2. 选择一个你印象深刻的人物，通过分析其命运，感受小说主旨。

（1）人物命运：

（2）联系人物的性格特点和命运，你认为作者想要表达怎样的观点？谈谈你的理解。

1. 阅读第43页最后一段话，回答问题。

（1）这段话运用了哪些人物描写的方法？

（2）回顾外祖母的性格特点，概括小说的主旨。

2. 围绕主旨进行人物描写。

在日常生活中，总有一些人值得我们去歌颂、去赞扬。试着运用人物描写的方法，围绕主旨，来写几句吧。（字数不限，试着运用一到两种人物描写的方法。）

他人之长：

我的收获：

第1天：

童年记忆里，你最开心的事情是什么？画一幅画展示出来吧。（记得上传你的作品哦！）

第2天：

童年生活里，你最伤心的事情是什么？如果重新给你一次机会，你会怎么做呢？录个音频和大家分享吧！（记得上传你的音频哦！）

《小兵张嘎》阅读规划

1 《小兵张嘎》整体悦读

● 学习重点

借助"猜读法",整体感知小说的主要情节。

● 以文育人

鲜活革命故事,传承红色基因。

2 《小兵张嘎》专题速读

● 学习重点

梳理环境与人物、情节的关系,体会环境描写的作用。

● 以文育人

学习革命精神,增强民族志气。

1 《小兵张嘎》整体悦读

朗读

清澈的海滩

［意大利］夸齐莫多

我这个凡人的生命
多么酷似你，清澈的海滩，
你引来卵石、阳光，
让喷涌的浪花
演奏出与幽微的和风
不和谐的音乐。

倘使你唤醒我，
我倾心谛听你，
每一瞬间的停歇
是无垠的天宇，令我心旷神怡，
是清爽的夜幕下

林木的宁静。

（吕同六　译）

——《日有所诵 小学六年级》（广西师范大学出版社 2017 年版）

1. 课件上的人物是谁？

2. 小说中对日伪军的称呼是什么？有什么含义？

称呼：

含义：

3. 阅读下列文字，在这个危急关头，如果你是嘎子，你会怎么做？

小嘎子一回头，了不得了！有两个"白脖"打街口拐了出来，后头还跟着三四个。小嘎子不能跑了；再跑，就会把敌人朝老钟叔引了去。

4. 大胆猜一猜：整本书的故事情节是什么？

阅读下列文段，用横线分别标出相关动词，体会人物形象特点。

"太君"后头那个鬼子，见两屋的门帘都吊着，以为正用得着他的勇敢，挺起三八式，抢在前头，去挑西间的帘子。帘子一起，但听嚓嚓两声，鲜血一冒，大翻身倒栽回来。鬼子官哇呀一叫，回头就跑。说时迟，那时快，小嘎子见他要跑，急甩手咣当把风门一关，鬼子官儿身子才窜出半截——咔地夹住了后腿，一个嘴啃地，栽在台阶上。接着，从屋里飞出一个战士，啪地就是一枪，那鬼子肚皮贴地，两头儿翘了一翘，骨碌碌滚下台阶去了。刚拔出的手枪，摔出去一丈多远。

鬼子：_____

鬼子官：_____

_____

品味书香 品读

快速浏览全书，找出至少三处动作描写。（标注出页码和简要选段即可）

1. _____

_____

2. _____

_____

3. _____

_____

写读联动 创读

1. 仔细阅读课件片段，体会动作描写对塑造人物形象的作用。

（1）孙悟空：_____

_____

_____

（2）父亲：_____

2. 根据课件图片，大胆创想，完成一段动作描写。要求：句子完整连贯，至少150字。

书韵悠长 鉴读

他人之长：

我的收获：

第1天：

速读第1—14章，书中不仅有流血和死亡，还有许多美好景物，用"＿＿"标出至少三处环境描写。（记得拍照上传哦！）

第2天：

嘎子最大的愿望是打败敌人，最后实现了吗？阅读最后五章，看看嘎子还有什么意外收获？（记得上传答案哦！）

第3天：

在《冷暖灾星》中，用"～～～"标出至少三处动作描写，并分析其人物形象。（记得拍照上传哦！）

第4天：

通读《冷暖灾星》，想一想，三个八路军真的被当作灾星了吗？为什么？（记得分享你的答案哦！）

第5天：

充当小记者，采访身边的人对抗日革命的看法，与父母分享一下并谈谈你的感受。（记得上传音频哦！）

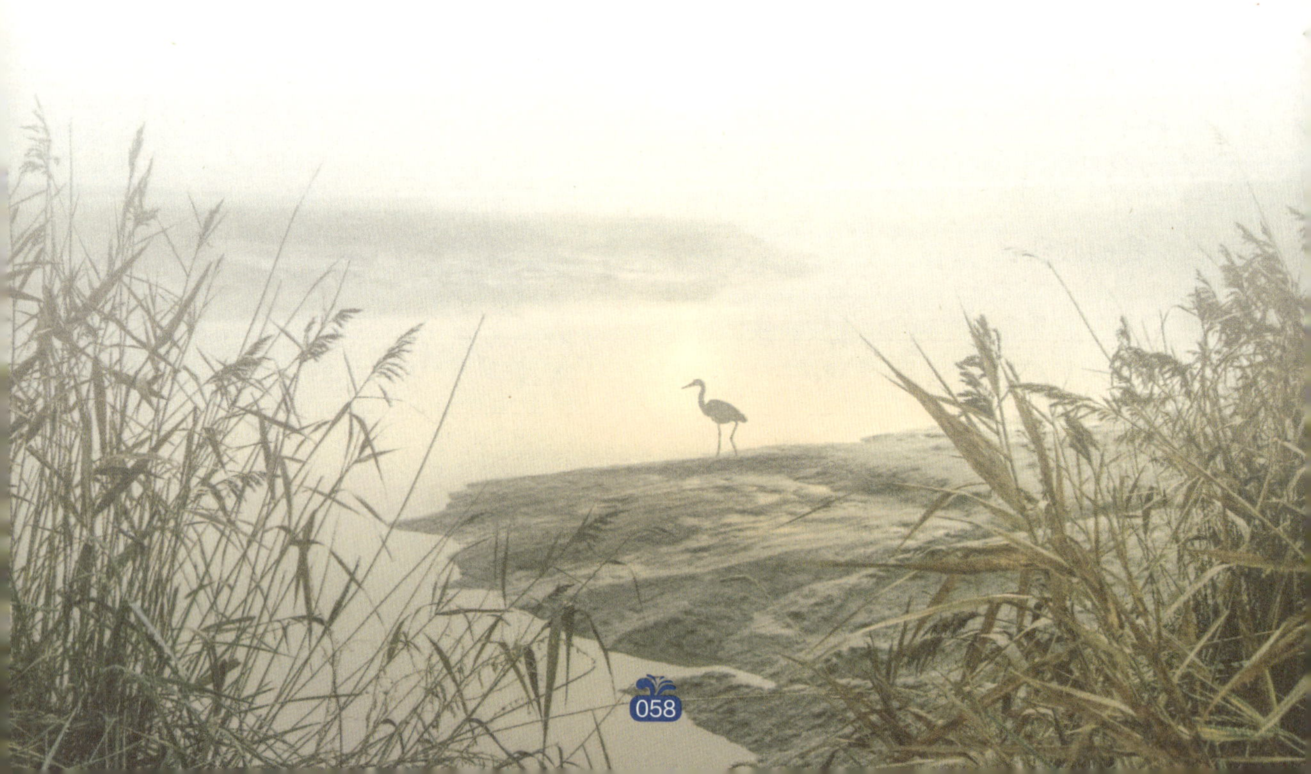

2 《小兵张嘎》专题速读

🔊 书声朗朗 朗读

丛树

  大风之后,兄弟行郊外。见道旁老树,高数十尺,为风所拔,横于地上。又数武,过<u>丛</u>林,则损伤殊少。小树数株,亦无恙。弟问兄曰:"风能拔大树,不能拔小树,何也?"兄曰:"大树孤立,故易拔。小树<u>丛</u>生,故难摧。

  ——《共和国教科书新国文(初小)》(天津古籍出版社2013年版)

水悦读 阅名著（高级上册）

1. 根据故事情节，将流程图补充完整。

起因		经过		结果
	➡		➡	

2. 与最开始相比，嘎子发生了什么变化？

_____

_____

1. 赏析例文，感受环境美。

小船向前漂着，一股微风吹来，推起层层细浪，拍得船头溅溅地响。淀水蓝得跟深秋的天空似的，朝下一望，清澈见底。那丛丛密密的苲草，在水流里悠悠荡漾，就像松林给风儿吹着一般；鲤鱼呀，鲫鱼呀，在里头穿出穿进，活像飞鸟投林，时不时，鲇鱼后头又追出一条肥大的花鲫来，两条鱼看看就要碰在船上，猛一个溅儿又都不见了。苇根下的黄固鱼最是着忙，成群搭伙地顶着流儿瞎跑，仿佛赶着去参加什么宴会。

上述环境描写，表现了景物什么特点？表达了人物怎样的心情？

特点：_____

_____

心情：_____

2. 巩固新知，感悟环境美。

快速浏览全书，找一处环境描写，体会其中人物的心情。

环境描写：_____

心情：_____

1. 快速阅读以下文字，回答问题。

霎时间，高粱叶变成了刺刀，谷穗儿化成了子弹，刺刀迎着日头闪光，子弹冲开清风啸叫，战士们跃出青稞，蜂拥而上。前面那辆汽车早又挨了几颗手榴弹，呼呼地冒起大火，失魂落魄的伪军们乱纷纷跑进棉花地。

忽然，小船拐个弯儿，一阵馥郁的幽香飘了过来。猛抬头，苇塘尽处闪出一大片荷花，红的、粉的、白的，开得又鲜又大；圆圆的大荷叶片儿，密密层层一直铺展到远处的杨柳下去。小嘎子噢的一声，举起手，直朝那里探着身子，一个多么美丽的天地呀！

想一想，既然本书是革命故事小说，描写的大多是激烈的战争场面，清新、浪漫的环境描写会不会略显违和？能否去掉？为什么？

_____

2. 仔细品读以下文字，分析环境描写的作用。

天上有七八颗星星，正顶上是三大块云彩：当头的一块最黑，把北斗星遮得一丝儿不剩；偏西的两块，黑团团上镶个白边，向东斜着一扇翅膀，摆出个张牙舞爪的气势来。巴大坎一步步望着云彩，只觉阵阵心里发空，想起刚刚辞别的纪昌庄，他有不少失悔来不及补救了……

作用：_____

1. 《小兵张嘎》的主题是什么？请结合事例加以分析。

2. 嘎子身上有哪些闪光点值得我们学习？你有哪些感受？

闪光点：

感受：

他人之长：

我的收获：

《小兵张嘎》阅读规划

第1天：

读完整本书后，想一想《冷暖灾星》与《小兵张嘎》的主题一致吗？写出它们的相同点和不同点，看看谁找得多。（记得上传答案哦！）

第2天：

我们有幸生活在一个安全的国家，查阅资料，了解当今世界有哪些国家在发生战争？与家长交流，分享你的看法。（记得上传音频哦！）

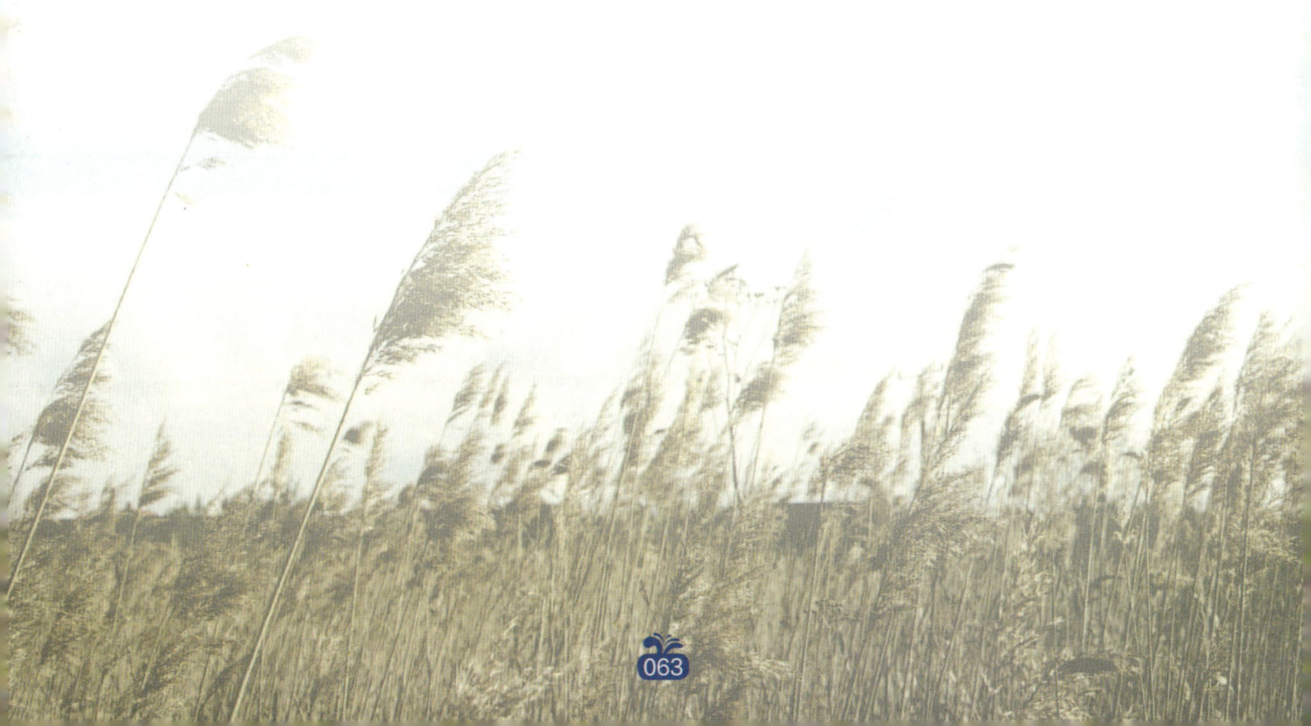

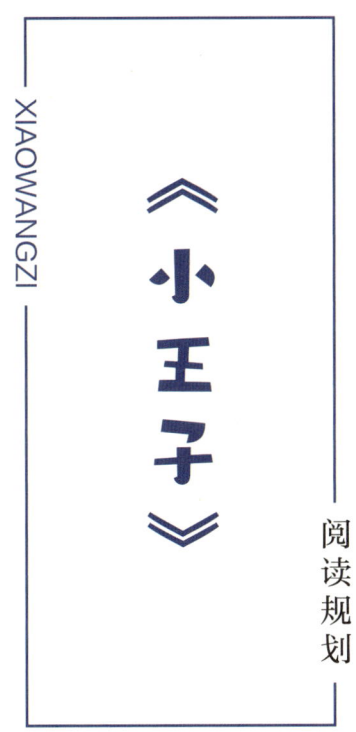

1 《小王子》整体悦读

● **学习重点**

了解全书内容,初步感知故事的奇妙。

● **以文育人**

在生活中始终葆有一颗童心。

2 《小王子》专题速读

● **学习重点**

把握人物关系,体会玫瑰、狐狸、小王子的形象特点。

● **以文育人**

感悟爱与责任。

1 《小王子》整体悦读

清晨

毕东海

太阳　飘着流苏的

金色的圆号

在东方吹响

浓雾折好了被子

湖水推开了门窗

柿子系好灿灿的纽扣

小路拴紧松松的鞋带

河流则忙着刷着自己的牙齿

山山岭岭　沟沟谷谷

忙着起床了

——《日有所诵 小学六年级》（广西师范大学出版社 2017 年版）

速读

1. 仔细观察封面右上角的图片,展开想象,说一说你想到了什么?

2. 仔细阅读目录,你从中了解到哪些信息?动笔写一写。

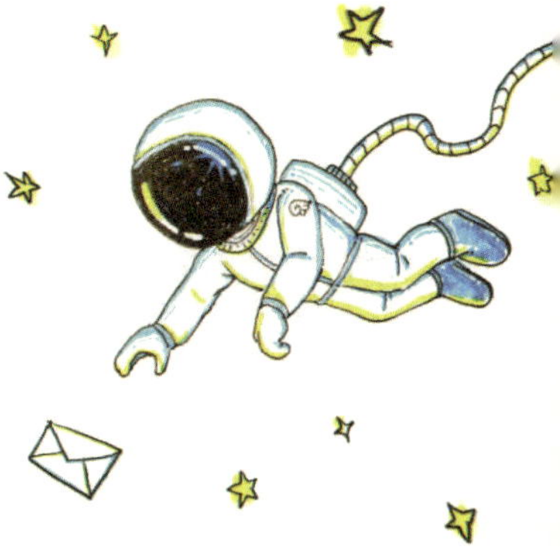

研读

研读第一章,回答问题。

1. "我"和小王子之间发生了哪些事?

2. 故事中哪些情节设置让你感觉非常神奇?神奇之处在哪里?

3. 如果突然遇到一个自称来自其他星球的人,你会怎么想?怎么做?

默读第 2 章，回答下列问题。

1. 找出三处能体现丰富想象力的句子，再说一说这样写的好处在哪里。

2. "我"和小王子发生了争执，你支持谁？原因是什么？

在小王子倒下后，故事戛然而止。小王子有没有回到他自己的星球？后来又会发生哪些故事？张开想象的翅膀，写一写小王子倒下之后的奇妙经历。

他人之长：

我的收获：

第1天：

细读《小王子》第3章，分别用两个词语概括每一节中人物的性格特点。（记得上传你的答案哦！）

第2天：

对比阅读第2章的第4节和第5节，分角色朗读小王子和花儿的对话，感受两者之前真挚的感情。（记得上传你的音频哦！）

第3天：

认真阅读第4章第6节，用你的话说一说"驯服"的意思。（记得上传你的答案哦！）

第4天：

速读第3章和第4章，说一说在小王子的旅程中，你最喜欢他经过的哪一处？为什么？（记得上传你的想法哦！）

第5天：

读完全书，你认为"我"和小王子为什么能成为朋友？（记得将你的想法录成音频上传哦！）

2 《小王子》专题速读

捉迷藏

群儿相聚，为捉迷藏之戏。先携手作大环，甲儿立环中，以巾束目。诸儿环绕疾走，左右各三匝，然后俱蹲于地。甲儿呼乙儿，乙儿遥应之。甲儿张手摸索，获一人，摩其顶，掣其衣，抚其足，呼曰："乙儿在是矣。"揭巾视之，则丙儿也。复以巾束目，摸索如前，卒得乙儿。于是令乙儿代为盲者。

——《共和国教科书新国文（初小）》（天津古籍出版社2013年版）

1. 观看课件中的插图，讲讲图中发生的故事。

2. 上面的故事最打动你的地方分别是什么？

3. 概括玫瑰的性格特点。

1. 简要叙述小王子驯服狐狸的过程。

2. 小王子和狐狸的故事，带给你哪些启示？

1. "我"和小王子之间发生了哪些事情?

2. 你认为小王子是一个什么样的孩子?

请同学们仔细阅读第4章,把小王子地球旅行的过程用思维导图的形式展现出来。

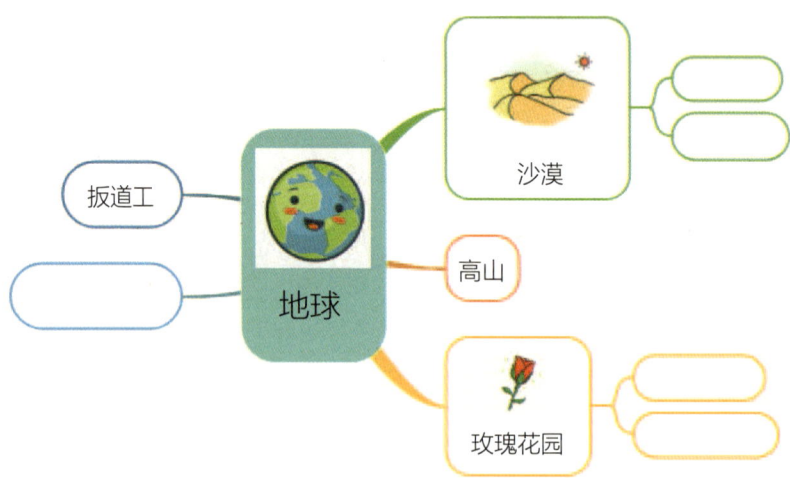

他人之长：

我的收获：

第1天：

通读《小王子》全书，找出最能打动你的段落，声情并茂地朗读，并在家长的协助下拍成小视频。（记得上传你的视频哦！）

第2天：

和家人一起观看电影《小王子》，写一写你的观后感。（记得上传你的佳作哦！）

《城南旧事》阅读规划

1 《城南旧事》整体悦读

● 学习重点

借助"四看"法,初步了解小说的主要内容。

● 以文育人

感受家乡之美。

2 《城南旧事》专题速读

● 学习重点

感知主要人物的命运特征。

● 以文育人

珍惜现在的幸福生活。

3 《城南旧事》定向精读

● 学习重点

体会"爸爸的花儿落了,我也不再是小孩子"的含义。

● 以文育人

成长,需要勇敢地面对生活。

1 《城南旧事》整体悦读

朗读

被子的大地

[英国] 斯蒂文森

我病了，只好躺在床上，
垫两个枕头在脑袋底下，
一件件玩具都在我身边，
叫我整天都快活，乐哈哈。
有时候，用一个钟头光景，
我瞧着铅制的兵丁行军，
他们穿着不同的军服，
操练在被褥铺成的山林。
有时候，我让我的舰队，
在床单的海洋上破浪行驶，
要不，把树木和房屋搬开，
在床上筑起一座座城市。

我是个伟大、严肃的巨人，

在枕头叠成的山上坐镇，

凝视着面前的山谷和平原，

做有趣的被子大地的主人。

（屠岸　译）

——《日有所诵 小学六年级》（广西师范大学出版社 2017 年版）

1. 作者名片。

作者：_____　原名：_____　小名：_____

故乡：_____

代表作品：_____

成就：_____

2. 浏览目录，找出图片所对应的标题。

_____　　_____　　_____

3. 全书以_____的视角讲述了五个故事，分别用一句话概括主要内容。

（1）_____

（2）_____

（3）_____

（4）_____

（5）_____

 研读

默读以下文字，回答问题。

夏天过去，秋天过去，冬天又来了，骆驼队又来了，但是童年却一去不还。冬阳底下学骆驼咀嚼的傻事，我也不会再做了。

可是，我是多么想念童年住在北京城南的那些景色和人物啊！我对自己说，把它们写下来吧，让实际的童年过去，心灵的童年永存下来。

就这样，我写了一本《城南旧事》。

我默默地想，慢慢地写。看见冬阳下的骆驼队走过来，听见缓慢悦耳的铃声，童年重临于我的心头。

1. 读完文字，你脑海中浮现出了怎样的画面？

_____

_____

2. 童年悄然而逝，一去不还。如果是你，看着冬阳下的骆驼队，心中会有怎样的情绪？

_____

_____

3. 想一想,作者在怀念什么?

 品读

1. 忆童年。

作者描写了许多童年趣事,请选择一件,摘一摘,写一写。

原文摘录:

主要内容:

思想感情:

2. 念故乡。

作者多处描写了北京城南的风土人情,请你摘录一处写一写。

原文摘录:

主要内容:

思想感情:

 创读

1. 观看《两地》纪录片片段,记录主要信息。

2. 根据资料内容，谈谈你的体会。

他人之长：

我的收获：

第1天：
朗读"冬阳 童年 骆驼队"，从中选择你喜欢的段落，有感情地朗读。（记得上传你朗读的音频哦！）

第2天：
通读"惠安馆"，用几句简短的话，概括一下文章的主要内容。（记得上传你的答案哦！）

第3天：

研读"我们看海去"，你认为草丛里的那个人是"好人"还是"坏人"？为什么？（记得上传你的看法哦！）

第4天：

你认为"惠安馆"里的秀珍是一个什么样的人？画一幅思维导图，简单分析一下。（记得上传你的思维导图哦！）

第5天：

品读作者对故乡的描写，体会作者的思乡之情，并试着谈谈你的家乡。（200字左右，记得上传你的小练笔哦！）

❷《城南旧事》专题速读

🔊 书声朗朗 朗读

鸟

　　鸟类之体，遍生毛羽。前肢为翼，故能高飞。其趾间有蹼，能游泳水中者，谓之水鸟。鸟类之嘴，为坚硬之角质。无齿，故食物不嚼。其骨及毛管，中空而无髓，故质轻而善飞。兽皆胎生，鸟则卵生。惟鸟卵，必孵之而后成雏。

——《共和国教科书新国文（初小）》（天津古籍出版社2013年版）

"惠安馆"中都出现了哪些人物？找一找，补全人物关系图。

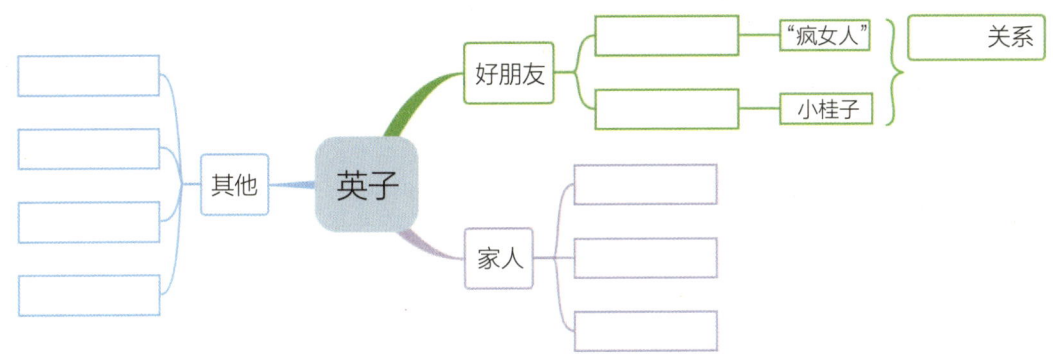

1. 镜头一：人物登场。

阅读宋妈和换洋货的老婆子的对话，猜测秀贞变疯的原因。

_____

_____

2. 镜头二：悲惨经历。

阅读秀贞与小英子的对白，秀贞的哪一段经历最打动你？简单概括一下，谈谈你的感受。

说经历：_____

_____

谈感受：_____

_____

3. 镜头三：最终命运。

阅读文段，回答问题。

妈妈还在哭，宋妈又说：

"可也真怪事，她怎么一拐能拐了俩孩子走？咱们要是晚回来一步，英子就追上去了，唉！越想越怕人，乖乖巧巧的妞儿！唉！那火车，两人一块儿，唉！我就说妞儿长得俊倒是俊，就是有点儿薄相……"

（1）从宋妈的这一连串的叹气中，猜测秀贞的结局。

（2）简单分析秀贞的人物命运，并谈谈你的感想。

品读文段，感受语言的朴素美，同时进行预测阅读。

片段一：

"妈，您瞧，我怎么说的，刚合适！那么就开领子吧。"说着，她又找了一根绳子，绕着我的脖子量，我由她摆布，只管看墙上的那张画，画儿是一个白胖大娃娃，没有穿衣服，手里捧着大元宝，骑在一条大大的红鱼上。

秀贞转到我的面前来，看我仰着头，她也随着我的眼光看那张画，满是那么回事地说：

"要看炕上看去，看我们小桂子多胖，那阵儿才八个月，骑着大金鱼，满屋里转，玩得饭都不吃，就这么淘……"

描写对象：＿＿＿＿＿＿＿＿＿＿＿＿＿＿＿

人物形象：＿＿＿＿＿＿＿＿＿＿＿＿＿＿＿

片段二：

……她这两天正给我们讲她老家的故事，地里的麦穗长啦，山坡的青草高啦，小栓子摘了狗尾巴花扎在牛犄角上啦。她手里还拿着一只厚厚的鞋底,用粗麻绳纳得密密的,是给小栓子做的。

"那么他也上三年级啦?"我问。

"乡下人有你这好命儿?他成年价给人看牛哪!"她说着停了手里的活儿,举起锥子在头发里划几下,自言自语地说:"今年个,可得回家看看了,心里老不顺序。"她说完愣愣的,不知在想什么。

描写对象:＿＿＿＿＿＿＿＿＿＿

人物形象:＿＿＿＿＿＿＿＿＿＿

＿＿＿＿＿＿＿＿＿＿＿＿＿＿＿＿＿＿＿＿＿＿＿＿＿＿＿＿＿＿＿

发挥想象,替秀贞给英子写一封信吧!

亲爱的英子:

 鉴读

他人之长：

我的收获：

 自读

第1天：
速读"兰姨娘"，选择你最喜欢的片段，读一读！（记得上传你读书的音频哦！）

第2天：
研读"驴打滚"，文中哪些地方可以看出宋妈的悲痛之情？在文中画出来并做好标记。（记得拍照上传哦！）

第3天：
品读"爸爸的花儿落了 我也不再是小孩子"，联系全文说说爸爸是个怎样的人？他在"我"的生活中起了怎样的作用？

第4天：
阅读"爸爸的花儿落了 我也不再是小孩子"，思考：你想长大，还是不想长大？将你的理由简单记录一下。（记得上传你的看法哦！）

第5天：
采访家里的长辈，倾听他们的童年回忆。（记得上传你的采访记录哦！）

3 《城南旧事》定向精读

🔊 书声朗朗 朗读

岸

北岛

陪伴着现在和以往

岸，举着一根高高的

芦苇

四下眺望

是你

守护着每一个波浪

守护着迷人的泡沫

和星星

当呜咽的月亮

吹起古老的船歌

多么忧伤

我是岸

我是渔港

我伸展着手臂

等待着穷孩子的小船

载回一盏盏灯光

——《日有所诵 小学六年级》（广西师范大学出版社 2017 年版）

1. 速读"爸爸的花儿落了 我也不再是小孩子"，概括主要内容。

_____

_____

2. 文章描写的哪些事是眼前的事？哪些事是回忆的事？这些回忆的事是由什么引出的？完成下面的表格。

眼前的事	⇒	回忆的事
	⇒	
	⇒	
	⇒	
	⇒	

阅读文段，回答问题。

1. 爸爸的花儿。

片段一：

新建的大礼堂里，坐满了人；我们毕业生坐在前八排，我又是坐在最前一排的中间位子上。我的襟上有一朵粉红色的夹竹桃，是临来时妈妈从院子里摘下来给我别上的。她说：

"夹竹桃是你爸爸种的，戴着它，就像爸爸看见你上台一样！"

（1）襟前的夹竹桃代表了什么？

_____

_____

片段二：

院里大盆的石榴和夹竹桃今年爸爸都没有给上麻渣，他为了叔叔给日本人害死的事，急得吐血了，到了五月节，石榴花没有开得那么红、那么大。如果秋天来了，爸爸还要买那样多的菊花，摆满在我们的院子里、廊檐下、客厅的花架上吗？

（2）文中对花儿的描写暗示了什么？

_____

_____

2. 爸爸的花儿落了。

快回家去！快回家去！我拿着刚发下来的小学毕业文凭——红丝带子系着的白纸筒，催着自己。我好像怕赶不上什么事情似的，为什么呀？

……

我把小学毕业文凭，放到书桌的抽屉里，再出来，老高已经替我雇好了到医院的车子。走过院子，看那垂落的夹竹桃，我默念着：

爸爸的花儿落了，我也不再是小孩子。

（1）"爸爸的花儿落了"包含了哪两层含义？

（2）"我也不再是小孩子"，从哪些地方可以看出来？

（3）得知父亲去世的消息，英子看着还在玩闹的弟弟妹妹和院子里垂落的夹竹桃，此时会有怎样的感受？简单谈一谈。

回顾描写英子的段落，仔细品一品。

原文：_____

主要描写了_____

体现出英子_____品质。

 创读

小小辩论会

辩论题目：你想不想长大

正方：我想长大　　反方：我不想长大

我支持：（正方、反方）

我的观点是：_____

_____

_____

_____

鉴读

他人之长：

_____

_____

_____

我的收获：

_____

_____

_____

开卷有益 KAIJUANYOUYI 自读

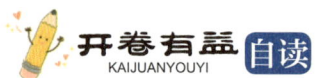

第 1 天：

观看电影《城南旧事》，看看电影与书有怎样的联系和区别。（记得上传你的答案哦！）

第 2 天：

回忆一下自己的成长经历，有没有哪个瞬间让你忽然觉得自己长大了？简单写一写。（记得上传你的文字哦！）

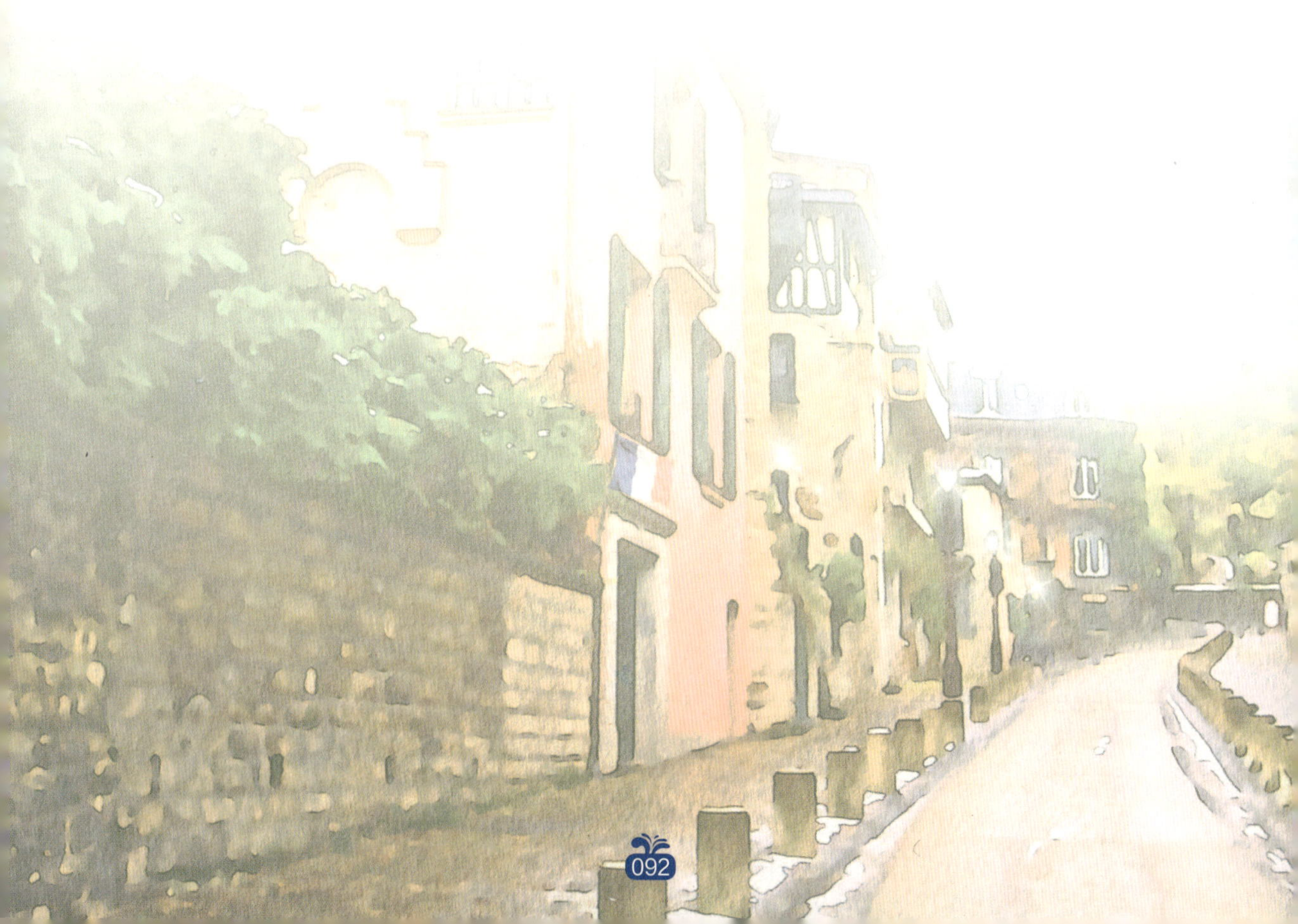

图书在版编目（ＣＩＰ）数据

水悦读　阅名著. 高级. 上册. 海 / 巩向良主编. —— 青岛：中国海洋大学出版社，2021

ISBN 978-7-5670-2875-3

Ⅰ.①水… Ⅱ.①巩… Ⅲ.①阅读课—小学—教学参考资料 Ⅳ.①G624.233

中国版本图书馆CIP数据核字(2021)第167319号

SHUIYUEDU YUEMINGZHU GAOJISHANGCE HAI

出版发行	中国海洋大学出版社
社　　址	青岛市香港东路23号　　邮政编码　266071
出 版 人	杨立敏
网　　址	http://pub.ouc.edu.cn
订购电话	0532-82032573（传真）
责任编辑	董　超
照　　排	青岛光合时代文化传媒有限公司
印　　制	青岛北琪精密制造有限公司
版　　次	2021年8月第1版
印　　次	2021年8月第1次印刷
成品尺寸	185 mm × 260 mm
印　　张	6.5
印　　数	1—10000
字　　数	38千
定　　价	120.00元（全两册）

如发现印装质量问题，请致电13864837986，由印刷厂负责调换。